O Teatro no Século XVIII

Coleção Estudos
Dirigida por J. Guinsburg

Créditos – Imagem da sobrecapa: Gravura representando teatro promovido pelo Conde Tarouca, embaixador de D. João V, no seu palácio em Utrecht; Imagem da capa: Detalhe de *Os Encantados de Medeia*, encenação de João Paulo Seara Cardoso, co-produção Teatro de Marionetas do Porto e Teatro Nacional São João, em abril de 2005, foto de João Tuna/TNSJ; Imagem do frontispício: A sala oval do Opéra Royal de Versailles, construído em 1770 pelo arquiteto Gabriel.

Equipe de realização – Edição de texto: Iracema A. Oliveira; Revisão de provas: Marcio Honorio de Godoy; Sobrecapa: Sergio Kon; Produção: Ricardo Neves, Sergio Kon e Raquel Fernandes Abranches.

Renata Soares Junqueira
Maria Gloria Cusumano Mazzi
(orgs.)

O TEATRO NO SÉCULO XVIII

PRESENÇA DE ANTÔNIO JOSÉ DA SILVA, O JUDEU

Dados Internacionais de Catalogação na Publicação (CIP)
(Câmara Brasileira do Livro, SP, Brasil)

O teatro no Século XVIII : presença de Antônio José da Silva,
o Judeu / Renata Soares Junqueira, Maria Gloria Cusumano Mazzi, (orgs.). – São Paulo : Perspectiva, 2008.
– (Estudos ; 256 / dirigida por J. Guinsburg)

ISBN 978-85-273-0834-2

1. Silva, Antônio José da, 1705-1739 - Crítica e
interpretação 2. Silva, Antônio José da, 1705-1739 – Teatro
3. Teatro português I. Junqueira, Renata Soares. II. Mazzi,
Maria Gloria Cusumano. III. Guinsburg, J. IV. Série.

08-08723   CDD-869.2

Índices para catálogo sistemático:

1. Teatro : Antônio José da Silva, o Judeu :
Literatura portuguesa 869.2

Direitos reservados à
EDITORA PERSPECTIVA S.A.

Av. Brigadeiro Luís Antônio, 3025
01401-000 São Paulo SP Brasil
Telefax: (011) 3885-8388
www.editoraperspectiva.com.br

2008

Agradecimentos

À Fundação de Amparo à Pesquisa do Estado de São Paulo (Fapesp);
À Fundação Calouste Gulbenkian;
À Fundação para o Desenvolvimento da UNESP (Fundunesp);

A Tássia Bellomi Patrezi

Sumário

Apresentação –
Renata Soares Junqueira e
Maria Gloria Cusumano Mazzi.. XI

PARTE I: O TEATRO NO SÉCULO XVIII

Teatro no Brasil Setecentista:
Imitação Barata ou Cara Antropofagia? –
Antônio Donizeti Pires 3

Formas do Espetáculo Setecentista:
A Questão dos Gêneros e a sua Representação –
Ana Portich 33

Antecedentes da Comédia Setecentista:
A *Commedia dell'Arte* –
Roberta Barni..43

Grandes Autores do Teatro Francês do Setecentos –
Guacira Marcondes Machado Leite.......................................69

PARTE II: PRESENÇA DE ANTÔNIO JOSÉ DA SILVA

Antônio José da Silva – O Judeu –
J. Guinsburg 79
Era Judeu, o Judeu? –
Alberto Dines 81
De Quem a Autoria de "Ao Leitor Desapaixonado"? –
Francisco Maciel Silveira 93
A Vida é Sonho? A Vida é Circo:
Teatro e Identidade em Antônio José da Silva –
Patrícia da Silva Cardoso 105
Antônio José e seu Diálogo Intertextual –
Flávia Maria Corradin 113
Pôr em Cena o Teatro de António José da Silva, Hoje:
Texto Clássico e Dramaturgia –
Maria João Brilhante 127
A Música nas Óperas de Antônio José, o Judeu –
Paulo Roberto Pereira 149

Apresentação

Em maio de 2005, prestamos uma homenagem especial a Antônio José da Silva, o Judeu (1705-1739), a fim de marcar, de algum modo, a passagem do terceiro centenário do nascimento deste escritor nascido no Rio de Janeiro e morto precocemente em Lisboa, vítima da perseguição, implacável e violenta, da Inquisição. Foi, com efeito, à guisa de homenagem que realizamos a IV Semana de Estudos Teatrais da UNESP, cujo tema era "Aspectos do Teatro Setecentista: A Propósito do Tricentenário do Nascimento de Antônio José da Silva".

Agora, para perenizar a homenagem, coligimos neste volume os trabalhos que naquela ocasião tivemos o prazer de ouvir, como comunicações orais, e que aqui podemos ter o prazer de ler e de reler. São ensaios de especialistas, estudiosos do teatro, em geral, e de aspectos da cultura setecentista, em particular – principalmente da cultura, de extensão luso-brasileira, em que se inserem a vida e obra de Antônio José.

Os trabalhos foram divididos em dois grandes blocos: o primeiro, que constitui a primeira parte deste livro, é dedicado a "O Teatro no Século XVIII", atendendo à proposta anunciada pelo título do volume; o segundo, que perfaz a segunda parte do livro, reúne ensaios especialmente dedicados ao Judeu – à sua vida e à sua obra.

Assim temos, logo na abertura, o ensaio de Antônio Donizeti Pires, que vem, muito oportunamente, reavaliar o suposto "vazio teatral" do Brasil Colônia, refletindo sobre três dos seus aspectos fundamentais: a produção de textos para teatro, as representações propriamente ditas e a perspectiva teórica pela qual se abordavam tais produções. O trabalho, que expõe um amplo panorama do teatro produzido no país desde o início da colonização portuguesa até às vésperas da Independência, evidencia que é urgente rever alguns juízos críticos acerca do teatro produzido no Brasil colonial.

Em seguida, o texto de Ana Portich propõe, a propósito da obra de Antônio José da Silva, uma reflexão sobre o espetáculo para o qual essa obra foi concebida – a ópera cômica –, remetendo-nos a obras de autores italianos como Leone de Sommi, Carlo Goldoni e Carlo Gozzi, dramaturgos que, do século XVI ao XVIII, pensaram o teatro do ponto de vista das suas conseqüências políticas.

Sobre teatro italiano reflete também Roberta Barni, ao abordar os aspectos mais relevantes da *Commedia dell'Arte*, forma teatral que se desenvolveu nos séculos XVI e XVII e que deixou marcas bem evidentes em certa produção artística, de índole burguesa, do século XVIII, no qual floresceram as óperas populares de Antônio José da Silva.

E, encerrando a primeira parte do volume temos o trabalho de Guacira Marcondes Machado, que, a propósito de teatro francês, apresenta um quadro em que se destacam os mais importantes dramaturgos do século XVIII e as suas principais obras dramáticas.

Depois destas incursões pelo teatro setecentista em vários aspectos e nacionalidades, a segunda parte do livro inicia-se com um retrato de Antônio José da Silva pintado por Jacó Guinsburg, com traços breves, mas muito bem vincados e certeiros. A figura de Antônio José ali aparece, na sua tríplice dimensão de comediógrafo, cristão novo e brasileiro colonizado, como "personificação emblemática da luta do novo contra o velho, do oprimido contra o opressor, do marginal contra o institucional, da razão crítica contra a crendice cega, das forças da modernidade contra as bastilhas do tradicionalismo". E uma destas três faces, a do cristão-novo, é novamente contemplada, logo em seguida, nas reflexões do jornalista e biógrafo Alberto Dines acerca da ascendência judaica de Antônio José da Silva. Através da genealogia dos ancestrais e dos processos inquisitoriais de parentes próximos do comediógrafo – presos no Rio de Janeiro e em Lisboa – e também da família da sua mulher, originária da Covilhã (Beira-Baixa), revelam-se atitudes diferenciadas de dois grupos de cristãos novos: o do ramo paterno, que se assimilou ao catolicismo, e o do ramo materno, que tem longa e intensa história de práticas judaicas que motivaram a primeira prisão de Antônio José, como mostra Dines.

Francisco Maciel Silveira, autor do terceiro trabalho da segunda parte do livro, levanta hipóteses sobre a verdadeira autoria da espécie de prefácio, intitulado "Ao Leitor Desapaixonado", com que veio à luz, em 1744, a primeira edição do *Teatro Cómico Português*, livro editado por Francisco Luís Ameno, que reuniu todas as óperas então atribuídas ao Judeu.

APRESENTAÇÃO   XIII

Em seguida temos o estudo de Patrícia Cardoso, que projeta como tema, nas óperas do Judeu, a questão da busca de identidade, tão premente e dolorosa na vida desse autor, a quem uma possível identidade vinha "sempre de fora", como imposição, uma vez que ele "foi cristão, marrano, judeu, de acordo com a situação em que se achava, de acordo com o que achavam dele", tendo-lhe restado "cavar a identidade fora da vida", nomeadamente na sua obra teatral, onde o autor pôde, segundo Cardoso, "numa liberdade sempre vigiada, dedicar-se à sua busca". A ópera *Anfitrião ou Júpiter e Alcmena*, na qual se infiltra vigorosamente o tema da troca de identidades, é retomada então por Flávia Corradin, que a compara com três irrefutáveis paradigmas: o *Anfitrião*, de Plauto (século III ou II a.C.), a *Comédia dos Anfitriões*, de Camões (1587) e o *Amphitryon* de Molière (1688).

Vem depois o ensaio de Maria João Brilhante, que, a propósito de duas encenações recentes (estreadas no final de 2004) de óperas do Judeu em Portugal – *Anfitrião ou Júpiter e Alcmena*, encenada por Nuno Carinhas no Teatro Nacional São João, na cidade do Porto, e *Esopaida ou a vida de Esopo*, levada à cena do Teatro da Cornucópia por Luís Miguel Cintra – traz fecundas reflexões sobre dificuldades relacionadas à representação, nos dias de hoje, de textos clássicos.

E, encerrando o volume, temos o estudo de Paulo Roberto Pereira, que se dedica a um aspecto fundamental das óperas de Antônio José da Silva: a música, que, sendo tão importante quanto o texto cômico, não é, todavia, de autoria do Judeu, como observa o especialista da Universidade Federal Fluminense, mas sim do Padre Antônio Teixeira, compositor contemporâneo de Antônio José.

Com esta coleção de ensaios dedicados ao teatro do século XVIII em geral, e ao teatro de Antônio José da Silva em particular, tencionamos contribuir para o preenchimento de algumas lacunas que, apesar dos esforços (alguns muito bem sucedidos) de vários estudiosos, ainda se fazem sentir no âmbito dos estudos de literatura, seja no que toca ao estudo específico do teatro como texto e como espetáculo, seja no que concerne, também especificamente, ao estudo das óperas cômicas deste grande autor (luso-brasileiro) que foi Antônio José da Silva, o Judeu.

Araraquara, agosto de 2008.
As organizadoras

NOTA DA EDIÇÃO: Optou-se por manter a grafia original nos artigos dos autores portugueses.

Parte I:

O Teatro no Século XVIII

Teatro no Brasil Setecentista:

imitação barata ou cara antropofagia?

*Antônio Donizeti Pires**

ALGUMAS QUESTÕES SOBRE A MODERNIDADE

Uma compreensão mais profunda da modernidade literária, na senda trilhada por Octavio Paz em *Los Hijos del Limo* (1974), deve necessariamente ligar-se à compreensão das origens da própria modernidade ocidental em seus contraditórios aspectos políticos e ideológicos, econômicos e sociais, artísticos e culturais.

Assim, se a noção de modernidade literária deve ser procurada nos primórdios do romantismo alemão, no final do século XVIII, também o nascedouro da modernidade nas relações sociais, políticas, econômicas e culturais deve ser buscado nessa mesma época, marcada que foi pela maturidade do longo processo de afirmação da classe burguesa. Esse processo, cuja coroação dá-se com a Revolução Francesa e com a Revolução Industrial inglesa, principalmente, significou a implantação de um novo e revolucionário modo de vida centrado nas cidades, na produção industrial, na noção de progresso, no avanço da técnica, na luta de classes, na crise permanente de valores, na busca do novo a qualquer preço, na valorização da democracia e da liberdade, na conformação de um novo gosto artístico e de novos valores estéticos. A burguesia vitoriosa, doravante, assume os modos de produção material e cultural que marcam o mundo moderno, e

---

* Departamento de Literatura, Faculdade de Ciências e Letras, Unesp, Araraquara, SP, Brasil.

4   O TEATRO NO SÉCULO XVIII

suas contradições inerentes vincarão o pensamento e a produção artístico-literária dos séculos XIX e XX.

Partilho a crença geral de que a partir do século XVI, com as grandes navegações e descobertas, com a Reforma, com o incremento do comércio e do sistema bancário, com o avanço da ciência e com a nova concepção do homem, do mundo e do universo propiciada pelo Renascimento, instauram-se realmente os primórdios do que se convencionou chamar *modernidade ocidental*. No entanto, endosso o ponto de vista de Octavio Paz, que considera o final do século XVIII como um momento crucial no amadurecimento do processo de modernidade/modernização e de afirmação da classe burguesa. Para o poeta e ensaísta mexicano, esse longo processo é vincado pela *tradição moderna* – ou *tradição da ruptura* –, expressão cujo paradoxo lógico-lingüístico encerra um outro mais profundo, que desnuda os conflitos, as crises e a sede de mudança que fustigam o novo estado de coisas. Assim, para Paz, *tradição da ruptura*

> es la expresión de la condición dramática de nuestra civilización que busca su fundamento, no en el pasado ni en ningún principio inconmovible, sino en el cambio. [...] la tradición moderna es una expresión de nuestra conciencia histórica. Por una parte, es una crítica del pasado, una crítica de la tradición; por la otra, es una tentativa, repetida una y otra vez a lo largo de los dos últimos siglos, por fundar una tradición en el único principio inmune a la crítica, ya que se confunde con ella misma: el cambio, la historia[1].

Mas o pensamento de Paz é também uma defesa lúcida da poesia, e o autor nos mostra como, apesar do anseio revolucionário e da busca do novo a qualquer preço, a poesia, desde o romantismo, é *"revolucionaria no con, sino* frente a *las revoluciones del siglo; y su religiosidad es una transgresión de las religiones"*[2]. Isso se explica porque o tempo da poesia, mitopoético, das origens, da Idade de Ouro da humanidade, é um *"tiempo sin fechas"*[3], que se presentifica sempre que o poeta profere a palavra capaz de recriar o cosmo, nomeando ainda uma vez as coisas e o mundo e nos resguardando do caos original. Não existe para a poesia, pois, a noção de progresso tal qual a sociedade moderna o concebe, e que é essencial ao caráter de revolução e mudança, característica de nosso tempo. Se a poesia, em sua atemporalidade essencial, é *a outra voz* sempre apta a fornecer ao homem uma resposta, um outro mundo e um perene conjunto de valores, o mundo moderno adia para um futuro incerto e não sabido, talvez ilusório, os frutos do progresso e da revolução.

Em outro estudo mais recente[4], o poeta reafirma a caracterização da modernidade pela *tradição da ruptura* e pela crítica da razão

---

1. O. Paz, *Los Hijos del Limo*, p. 24-25.
2. Idem, p. 78. Grifos do autor.
3. Idem, p. 69.
4. Idem, *A Outra Voz*.

TEATRO NO BRASIL SETECENTISTA

utópica e reformista que se instaura desde o século XVIII: "A modernidade começa como uma crítica da religião, da filosofia, da moral, do direito, da história, da economia e da política. A crítica é seu traço diferencial, seu sinal de nascimento"[5]. O autor reafirma ainda, no livro, os dois princípios fundamentais que embasam e justificam a poesia moderna: a *ironia* e a *analogia universal*.

A *ironia*, no sentido de F. Schlegel, é o *"amor por la contradicción que es cada uno de nosotros y conciencia de esa contradicción"*, e revela *"la dualidad de lo que parecía uno, la escisión de lo idéntico, el otro lado de la razón"*[6]. Nos termos de Karin Volobuef, em *Frestas e Arestas*, a ironia "decorre da compreensão do mundo como paradoxo, [...] como aglomerado de contradições e incoerências. Em conseqüência disso, a obra de arte deve, necessariamente, refletir essas contradições se quiser abarcar a realidade". O recurso à ironia romântica – que não deve, adverte F. Schlegel, ser confundida com a ironia retórica – "deixa entrever o fazer poético [...] e institui a primazia do indivíduo (criador) sobre a obra (objeto criado)"[7], num processo que inclui forçosamente a participação ativa do leitor – aspecto que será de suma importância para a poesia, o teatro e a arte da modernidade.

A *analogia universal* – ou *teoria das correspondências*, ou *correspondência universal*, sobre a qual Baudelaire fundará conscientemente sua poética – é tão antiga quanto a própria humanidade. Anterior ao cristianismo, sobreviveu ao paganismo, atravessou a Idade Média e, de acordo com Paz, por meio dos neoplatônicos, dos ocultistas e de místicos como Emanuel Swedenborg, chegou ao século XVIII e inundou o romantismo alemão. Muito provavelmente a visão analógica do universo sobreviverá ao cristianismo e a seu secular inimigo, o cientificismo/tecnicismo que justifica nossa cultura. Consoante Octavio Paz, a. a analogia é o princípio mitopoético por excelência, anterior às religiões e à razão; b. a poesia da modernidade fez coincidir esse princípio com a própria poesia, ressaltando seu caráter fundante e absoluto. Em essência, conforme o poeta-crítico, universo e poema se equivalem, pois ambos podem ser lidos e vividos, tornando-se fonte de conhecimento e revelação. Conhecimento por certo não racional e revelação por certo epifânica, mas estas formas de *aprendizado sensitivo* são inerentes ao ser humano, e não são de modo algum inferiores ao conhecimento lógico que a astrofísica – ou outra ciência cosmológica qualquer – nos revela sobre o universo. Por outro lado, se o poema – um microcosmo – é feito pelo poeta demiurgo (ou gênio, ou tradutor, ou vidente), o universo – macrocosmo – também foi moldado por um demiurgo original a partir do caos. Todas as coisas, portanto, no plano humano e no

---

5. Idem, p. 34.
6. *Los Hijos del Limo*, p. 65 e 71.
7. K. Volobuef, *Frestas e Arestas*, p. 90-91.

plano espiritual, se equivalem porque partilham dos mesmos princípios estruturais, imutáveis e eternos.

Contudo, ao propor uma articulação entre ironia e analogia, Octavio Paz as considera irreconciliáveis: a primeira é filha do tempo histórico, linear, e pressupõe a consciência humana da finitude da existência; a analogia, ao contrário, é manifestação do tempo cíclico, mitopoético, e traz em si um arcabouço mágico que é estranho à visão irônica do mundo. O embate entre a analogia (o universo como livro; a revelação; o infinito) e a ironia (que nega qualquer possibilidade de compreender-se tal livro e revela o finito, o transitório, a consciência da morte, o Nada) é o que justamente caracteriza a poesia moderna, conforme o pensamento do poeta mexicano articulado nos dois livros citados:

> Dupla transgressão: a analogia opõe ao tempo sucessivo da história e da beatificação do futuro utópico o tempo cíclico do mito; por sua vez, a ironia afasta o tempo mítico ao afirmar a queda na contingência, na pluralidade de deuses e de mitos, na morte de Deus e de suas criaturas[8].

Nesse diapasão, a ironia é a dissonância inerente à visão analógica do universo, na poesia moderna. Mais que isso: a consciência dessa dissonância. Porém, ironia e analogia podem ser vistas como as duas faces da mesma moeda: a ironia, ao ser incorporada à teoria e à prática poéticas dos românticos e simbolistas, de base analógica, não significou a morte da arte ou da poesia (contrariando a visão de Hegel), mas vincou gradativamente a consciência do poeta e a consciência da própria poesia. Ou seja, pela reflexão e pela crítica, tais consciências revelaram-se fraturadas e fragmentadas, poética e existencialmente. Ainda em outros termos, dir-se-ia que a ironia foi um mal necessário, a contrapartida que possibilitou à visão analógica um comportamento auto-reflexivo, autoconsciente e autotélico, que culminou nas várias formas de autonomia da arte, nos séculos XIX e XX.

A longa exposição sobre a modernidade foi necessária para nos levar a duas reflexões principais. Em primeiro lugar, o que é o teatro da modernidade? Como ele se caracteriza? Como comparar a modernidade especificamente lírica com a modernidade do teatro, essa arte híbrida, complexa, que requer não apenas o texto, mas a concorrência de uma pletora de signos alheios à linguagem literária? Além disso, como caracterizar a modernidade teatral em dramaturgias tão heterodoxas como a inglesa, a espanhola, a alemã e mesmo a francesa? Pode-se dizer que o teatro da modernidade participa da *tradição da ruptura*? Pode-se considerar, em suma, que esse teatro estaria calcado na consciência irônica e, ao mesmo tempo, no embasamento analógico?

8. *A Outra Voz*, p. 39.

TEATRO NO BRASIL SETECENTISTA

Claro que as respostas a tantas questões nos levariam longe demais, pois muitas e contraditórias são as concepções de teatro: por exemplo, enquanto Lope de Vega, na Espanha, escreve em 1609 uma *Arte Nueva de Hacer Comedias*, justificando seu afastamento de Aristóteles e embasando o drama barroco, na França está em vigência a tragédia clássica, teorizada no Livro III da rígida *Arte Poética* de Boileau, em 1674. No século XVIII, ainda na França, o *partido dos filósofos* questiona a rigidez a que chegara a tragédia clássica, denunciando o abismo entre suas pretensões e a expectativa do público, logo abrindo caminho para o nascimento do drama moderno. Diderot faz publicar, em 1758, sua peça *O Pai de Família*, acompanhada por um pequeno tratado teórico sobre o drama, *Discurso sobre a Poesia Dramática*. Este – que pode ser tido como a arte poética do teatro francês do século XVIII – é fruto da prática teatral do filósofo; é um diálogo proveitoso com a tradição de Aristóteles, Horácio e Boileau, pinçando criticamente os pontos positivos das suas respectivas poéticas; e, acima de tudo, instaura um novo olhar sobre o homem moderno e seus reais problemas e necessidades, fazendo-o presença central na nova divisão do "sistema dramático" que então preconiza, nas seguintes gradações:

> A comédia jocosa, que tem por objeto o ridículo e o vício, a comédia séria, que tem por objeto a virtude e os deveres do homem. A tragédia que teria por objeto nossas desgraças domésticas e a tragédia que tem por objeto as catástrofes públicas e as desgraças dos grandes[9].

Enfim, as idéias articuladas por Diderot encontrarão arremate no célebre prefácio "Do Grotesco e do Sublime" de 1827, com o qual Victor Hugo apresenta sua peça histórica *Cromwell*, instaurando, a meu ver, a maior contribuição francesa ao romantismo e ao teatro da modernidade.

Por outra via, dada a permanente inserção do teatro nos problemas da sociedade – e vice-versa –, o teatro da modernidade não é – e não pode ser – calcado apenas na consciência irônica e no embasamento analógico que têm fecundado grande parte da lírica e da narrativa modernas. Porém, tendo seguido caminhos complexos, contraditórios e heterogêneos, vê-se logo que um desses caminhos foi saturado de poesia lírica – que tudo invade –, nos propiciando algumas manifestações radicais: penso no drama simbolista de Villiers de L'Isle-Adam e Maeterlink, no drama estático de Fernando Pessoa, no teatro de Oswald de Andrade e Hilda Hilst, em algumas vertentes do teatro expressionista e do Teatro do Absurdo, bastante representativos de uma nova concepção de teatro (texto e cena), similar às conquistas levadas a efeito pela literatura e pelas artes. Em suma, creio que o *teatro da modernidade*, em termos textuais e/ou em termos de repre-

---

9. Denis Diderot, *Discurso sobre a Poesia Dramática*, p. 37.

8   O TEATRO NO SÉCULO XVIII

sentação cênica, ao valer-se da revolução formal e temática encetada pelo romantismo, pelo simbolismo e pela vanguarda, também se insere na tradição da ruptura preconizada por Octavio Paz. Ao subverter velhas concepções, o teatro (texto e cena) também se revela espelho quebrado, mas verdadeiro, da dessacralização e da desumanização que caracterizam a arte de nosso tempo.

Em segundo lugar, o panorama esboçado acima, sobre a modernidade em geral e sobre a modernidade no teatro, por certo não englobaria o Brasil, que até o começo do século XIX permanece como colônia de Portugal, e cujo teatro efetivamente moderno nasce em 1943, com a encenação de *Vestido de Noiva*, de Nelson Rodrigues.

Contudo, o século XVIII brasileiro, se não é ainda moderno, e se ainda não se voltou plenamente para os grandes problemas nacionais, é um momento decisivo, segundo assevera Antonio Candido, no processo de formação e consolidação de nossa literatura. Esta, vincada por *manifestações literárias* esparsas entre o final do século XVI e o começo do século XVIII, apresenta agora, ao lado das "características internas (língua, temas, imagens)", um *sistema* articulado de "produtores literários, mais ou menos conscientes do seu papel; um conjunto de receptores, formando os diversos tipos de público; [...] um mecanismo transmissor (de modo geral, uma linguagem, traduzida em estilos), que liga uns a outros"[10]. Essa literatura neoclássica – ainda que "rompida a cada passo pelos afloramentos do forte sedimento barroco"[11] –, regida por padrões de universalidade, racionalidade e equilíbrio, "foi importante porque plantou de vez a literatura do Ocidente no Brasil [...], dentro da qual fomos definindo lentamente a nossa originalidade"[12]. Completando o esboço, Candido considera que também

ocorreu no Brasil uma pequena Época das Luzes, que se encaminhou para a independência política e as teorias de emancipação intelectual, tema básico do nosso romantismo após 1830. Historicamente, ela se liga ao pombalismo, muito propício ao Brasil e aos brasileiros, e exemplo do ideal setecentista do bom governo, desabusado e reformador[13].

Por um lado, tal "pequena Época das Luzes" traduziu-se na formação de um importante contingente de cientistas brasileiros, formados não apenas na Universidade de Coimbra, mas também em outros centros europeus de excelência, como França, Inglaterra, Alemanha, Escócia. Voltados para as matemáticas, as ciências naturais e a medicina, muitos desses intelectuais (um José Bonifácio de Andrada

10. A. Candido, *Formação da Literatura Brasileira*, p. 23.
11. Idem, Letras e Idéias no Período Colonial (exposição didática), em *Literatura e Sociedade*, p. 83-99.
12. Idem, *Formação da Literaura Brasileira*, p.17
13. Idem, Letras e Idéias..., op. cit., p. 88.

TEATRO NO BRASIL SETECENTISTA

e Silva, por exemplo) serão peças-chave não apenas em nosso processo de independência política, mas como educadores, jornalistas, publicistas e divulgadores das idéias liberais no Brasil. Por outro lado, em termos estritamente literários, nossa "pequena Época das Luzes" apresenta, ainda de permeio com resquícios barrocos, uma confluência de ideais estéticos, advindos tanto do arcadismo italiano quanto do neoclassicismo e do rococó franceses, revelando, em sua última fase, alguns laivos de pré-romantismo. Evidente que, também entre os poetas (que sirvam de exemplo a Inconfidência Mineira e a Sociedade Literária do Rio de Janeiro), a razão iluminista se imiscui, propiciando a poesia didática, a poesia encomiástica, os ideais reformistas bem como o trânsito de idéias libertárias.

Conforme referenda Edward Lopes no primeiro capítulo, "A Idade de Ouro do Brasil", de seu livro *Metamorfoses*, dedicado ao estudo da poesia de Cláudio Manuel da Costa, foi justamente em Vila Rica que os viajantes alemães Spix e Martius, em 1817, "encontraram o maior número de bibliotecas particulares" do Brasil. O crítico vai mais longe:

> Vila Rica é, com efeito, o mais populoso, mais rico e mais culto de nossos burgos coloniais. [...] vindo mesmo a constituir-se um dos fatores locais de deflagração do romantismo brasileiro cujas raízes não estão unicamente na Europa, como diz a preguiça mental, mas também na obra dos autores do grupo mineiro, nos arroubos nativistas e nos versos passionais, francamente pré-românticos, de Cláudio, de Gonzaga e de Caldas Barbosa, como na coragem cívica de todos os inconfidentes [...]. De fato, é no arco dos anos compreendidos entre as datas tão simbólicas de 1789 e de 1822 que o Brasil funda, por um gigantesco esforço de construção, a sua identidade nacional e se torna, na realidade, brasileiro[14].

Enfim, após os estudos fundadores e fecundos de Antonio Candido, a segunda metade do nosso século XVIII, quer em termos de trânsito de idéias, quer em termos de estudos literários gerais e/ou de monografias sobre os poetas, tem merecido constantemente a reavaliação crítica e historiográfica: além de Edward Lopes, citemos Ivan Teixeira e seu *Mecenato Pombalino e Poesia Neoclássica* de 1999, autor que já nos brindara com a publicação das *Obras Poéticas* de Basílio da Gama em 1996; Jorge Antonio Ruedas de la Serna, autor de *Arcádia: tradição e mudança,* 1995; Fábio Lucas, autor de *Luzes e Trevas: Minas Gerais no século XVIII,* 1998; Luís André Nepomuceno, cujo *A Musa Desnuda e o Poeta Tímido: o petrarquismo na Arcádia brasileira,* veio a lume em 2002; Ronaldo Polito, autor de *Um Coração Maior que o Mundo*: *Tomás Antônio Gonzaga e o horizonte luso-colonial,* 2004; José Ramos Tinhorão, autor de *Domingos Caldas Barbosa: o poeta da viola, da modinha e do lundu* (*1740 – 1800*) de 2004; os memoráveis estudos que Sérgio Buarque de Holanda dedica ao arcadismo e a Cláudio Manuel

---

14. E. Lopes, *Metamorfoses*, p. 27-28.

10 O TEATRO NO SÉCULO XVIII

da Costa nas páginas de seus *Capítulos de Literatura Colonial* (organizados e publicados postumamente, em 1991, por Antonio Candido); entre tantos outros.

Infelizmente, nessa lista de obras fundamentais, pouquíssima coisa há sobre teatro no Brasil ou sobre o teatro brasileiro (texto e cena), uma vez que muita coisa referente a nosso teatro (texto e cena) se perdeu.

TEATRO NO BRASIL COLÔNIA

Preliminares

Décio de Almeida Prado, um dos mais importantes estudiosos do teatro brasileiro, abre seu livro *Teatro de Anchieta a Alencar* com a seguinte advertência: "O teatro chegou ao Brasil tão cedo ou tão tarde quanto se desejar"[15]. Ou seja, se considerarmos como teatro os espetáculos amadores isolados, com fins catequéticos ou comemorativos, há teatro no Brasil desde o século XVI, no bojo mesmo do processo de colonização, iniciado por volta de 1531 com Martim Afonso de Sousa e, logo em seguida, com os primeiros governadores-gerais, Tomé de Sousa (1549) e Duarte da Costa (1553). Com aquele chega a primeira missão jesuítica, chefiada por Manuel da Nóbrega; com o segundo vem José de Anchieta (1534-1597), cujo trabalho teatral desenvolvido na Colônia, envolvendo índios, mamelucos e portugueses recém-chegados, lhe confere o título de iniciador do teatro no Brasil. Porém, conforme adverte J. Galante de Sousa, antes dos jesuítas possivelmente houvesse representações teatrais entre nós: trata-se "das pantomimas e das danças lascivas das *Festas dos Loucos*, de que nos fala Melo Morais Filho"[16], logo coibidas pelo teatro missionário.

Por outro lado, se desprezarmos as representações teatrais isoladas dos séculos XVI, XVII e XVIII, crentes de que num *sistema teatral* configurado é necessário "que haja uma certa continuidade de palco, com escritores, atores e público relativamente estáveis, então o teatro só terá nascido alguns anos após a Independência, na terceira década do século XIX", conforme advoga Décio de Almeida Prado[17].

Tal ponto de vista é endossado por J. Galante de Sousa, que divide o teatro brasileiro em dois grandes períodos: o primeiro, do século XVI a 1808, pouco interesse teria para o pesquisador; o segundo, de 1838 em diante, marcaria efetivamente o nascimento do teatro nacional brasileiro. O lapso de tempo que vai de 1808 a 1838, segundo o crítico, constituiria uma fase de transição.

---

15. *Teatro de Anchieta a Alencar*, p. 15.
16. J. G. de Sousa, *O Teatro no Brasil*, t. 1, p. 85. Grifo do autor.
17. Op. cit., p. 15.

TEATRO NO BRASIL SETECENTISTA

Contudo, contrariando os críticos citados, verifica-se que há diferenças importantes, na prática teatral da Colônia, de um século para o outro: no XVI, o teatro foi instrumento de catequese; no XVII e parte do XVIII, esteve ligado às grandes comemorações (religiosas, cívicas ou mistas), de permeio com manifestações folclóricas e populares; na segunda metade do século XVIII, enfim, começa a regularizar-se em atividade constante e organizada (principalmente em Vila Rica e no Rio de Janeiro), seja com a abertura das primeiras casas de espetáculos e a criação das primeiras sociedades dramáticas particulares, seja com a apresentação de companhias portuguesas em nossas cidades principais e com o estabelecimento dos *castratti* italiano em nossos elencos; seja com a intensa preocupação de nossos autores árcades em escrever para o teatro e em traduzir peças do repertório europeu, principalmente italiano. Citemos ainda a atividade do Padre Ventura no Rio de Janeiro, entre as décadas de 1740 e 1760, aproximadamente, considerado pelos estudiosos como "o primeiro diretor de uma companhia regular de teatro em território brasileiro"[18].

Constata-se, pelo exposto, como a segunda metade do século XVIII, no tangente ao teatro, oferece os meios necessários para a configuração e a formação de um *sistema teatral* brasileiro, similar ao que aconteceu na literatura. Dir-se-ia, inclusive, que o lapso de tempo que vai de 1771 a 1831 conheceu transformações consideráveis e preparou terreno para o que se convencionou chamar de fundação do teatro nacional, em pleno romantismo. Entretanto, a preocupação artística ficou em plano secundário, cedendo espaço para a veiculação ética, política, didático-moral e religiosa, que tão profundamente marcou o teatro no Brasil.

Dir-se-ia que tal base engajada continua pelo romantismo adentro, pois é no seio deste movimento nacionalista e localista que nosso teatro floresce plenamente, agora através do trabalho empenhado de atores (o célebre João Caetano, que fundara, em 1833, a primeira companhia dramática nacional), dramaturgos, poetas e escritores diversos (Gonçalves de Magalhães e Martins Pena). Opondo-se, de acordo com Décio de Almeida Prado, ao "teatro dos atores" estrangeiros, sobretudo portugueses e franceses, o "teatro dos autores" brasileiros (Gonçalves Dias, Joaquim Manuel de Macedo, José de Alencar e tantos outros), foi de suma importância para o estabelecimento de uma tradição cênico-teatral brasileira.

Teatro no Século XVI

A meu ver, por mais que a crítica seja oscilante no que tange à qualidade literária e dramatúrgica das peças de Anchieta, é com ele que efetivamente pode-se falar de um teatro no Brasil (ainda que não se

18. Idem, p. 65

O TEATRO NO SÉCULO XVIII

possa, naquele momento, falar de um teatro brasileiro, conforme quer J. Galante de Sousa). Contrário à visão deste crítico, não creio que a esparsa atividade teatral da colônia tenha "interesse apenas histórico"[19], como não aceito que as manifestações teatrais isoladas dos séculos XVI a XVIII sejam suprimidas como estranhas ao país em formação. Suprimi-las, pura e simplesmente, seria o mesmo que extirpar, por ignorância, o rico e personalíssimo barroco artístico dos séculos iniciais de colonização, e que tão profunda e fecundamente marcou e tem marcado nossa literatura e nossa cultura.

O teatro do século XVI, além das representações envolvendo índios e colonos, era praticado nos colégios da Companhia de Jesus como exercício curricular dos estudantes. Décio de Almeida Prado vale-se de carta do padre Fernão Cardim, escrita em 1585 e destinada a Lisboa, para auferir as características fundamentais dessa dramaturgia: a. o teatro era parte de uma celebração maior, geralmente religiosa, em que se mesclavam festejos sacros e profanos; b. a encenação deslocava-se pelo espaço, "como suporte de diálogos ocasionais"; c. havia a presença de figuras alegóricas (a Sé, o Anjo, a Cidade, o Amor de Deus e o Temor de Deus etc.); d. "o cenário [era] quase sempre natural"; e. os papéis eram interpretados por alunos, indígenas e colonos; f. "o diabo [era] visto como fonte de comicidade, à maneira indígena" e vicentina. Aqui Prado refere-se ao índio Ambrósio Pires, "especialista no desempenho de Anhangás, em quem devemos saudar o primeiro ator brasileiro a merecer as honras de uma citação nominal"; g. explorava-se "a comunicação de natureza sensorial, proporcionada pela música e pela dança"; h. primava-se, "antes e acima de tudo, [pelo] aspecto lúdico do teatro, entendido como jogo, brincadeira"[20]. Múcio da Paixão e J. Galante de Sousa, em seus estudos sobre o teatro no Brasil, oferecem um rol de pelo menos 23 peças representadas no primeiro século, sendo a primeira o *Auto de Santiago*, encenado na aldeia de Santiago, Bahia, em 1564. Entre outras, constam muitos *Diálogos* e *Églogas pastoris*, muitos *Autos* e uma ou outra peça mais elaborada, como a tragédia *História do Rico Avarento e Lázaro Pobre*, representada pelos alunos do Colégio Jesuíta de Olinda, em 1575. Sobre os autos de Anchieta, considerados as primeiras peças teatrais escritas no Brasil, sabe-se que o primeiro foi representado de 1561 (data provável da primeira representação) a 1576, nas aldeias de São Paulo de Piratininga, São Vicente e em outras localidades litorâneas. Escrito a pedido de Manuel da Nóbrega, "a fim de impedir os abusos que se cometiam com as representações profanas nas igrejas"[21], intitula-se

19. *Teatro no Brasil*, p. 78.
20. *Teatro de Anchieta e Alencar*, p. 19-20.
21. J. G. Sousa, op. cit., p. 97.

TEATRO NO BRASIL SETECENTISTA

Auto da Pregação Universal e dele restam somente duas estrofes. Outros textos de Anchieta, como o *Auto de São Lourenço* (Niterói, 1587; em português, tupi e espanhol), o *Auto da Vila de Vitória ou de São Maurício* (Vitória, 1595; em português e espanhol) chegaram intactos até nós.

Teatro no Século XVII

Entrado o século XVII, declina a atividade de catequese, mas continuam as representações teatrais como parte de festejos religiosos maiores, ou ainda como comemorações cívicas pelo nascimento, casamento e aniversário de príncipes, falecimento de reis e rainhas, chegada de autoridades políticas e eclesiásticas à colônia. Dessas, contudo, restam pouquíssimos registros: apenas oito, dentre os quais cito as *Comédias* representadas em 1641, no Rio de Janeiro e em Recife (aqui, em francês), por ocasião das festas comemorativas da aclamação de D. João IV, o Restaurador; ou o *Auto de São Francisco Xavier*, encenado no Colégio Jesuíta do Maranhão, em 1668. Porém, a atividade teatral na Colônia (principalmente na Bahia) deve ter sido constante, se damos crédito a alguns poemas de Gregório de Matos em que são referidas, jocosamente, representações de comédias. Vejam-se, por exemplo, fragmentos dos poemas "Descreve Umas Comédias, que na Cajaíba Foram Representadas" e "Descreve Outra Comédia que Fizeram na Cidade os Pardos na Celebridade com que Festejaram a Nossa Senhora do Amparo", respectivamente:

> As comédias se acabaram
> a meu pesar, e desgosto,
> pois para ter, e dar gosto
> tomara eu, que começaram[22]
> ....

> Grande comédia fizeram
> os devotos do Amparo,
> em cujo lustre reparo,
> que as mais festas excederam:
> tão eficazes moveram
> ao povo, que os escutou,
> que eu sei, quem ali firmou,
> que se inda agora vivera
> Viriato, não pudera
> imitar, quem o imitou[23].

---

22. G. de Matos, *Obra Poética*. v. 1, p. 472.
23. Idem, p. 474.

Primeira página do Auto de São Lourenço *(1587), 2º ato. Autógrafo de José de Anchieta.*

Por seu turno, o crítico J. Galante de Sousa cita alguns autores teatrais brasileiros (baianos, sobretudo) do século XVII, mas, por infelicidade, todas as suas obras se perderam. São eles: Gonçalo Ravasco Cavalcanti de Albuquerque (Bahia, 1639-1725), autor de três *Autos Sacramentais*; José Borges de Barros (Bahia, 1657-1719), autor da comédia *A Constância com Triunfo*; Frei Francisco Xavier de Santa Teresa (Bahia, 1686-1737), autor da tragicomédia *Santa Felicidade e Seus Filhos*; Salvador de Mesquita (Rio de Janeiro, 1646-?), que imprimiu em Roma seu drama *Sacrificium Jephte Sacrum* e deixou inéditas tragédias imitadas de Sêneca. Enfim, há o jesuíta-ator Xavier Tomás do Couto (Rio de Janeiro, 1668-1715), que encantou o Maranhão e o Pará ao ensinar seus discípulos "a recitar poemas, [a] declamar orações e [a] representar admiravelmente comédias"[24].

24. Apud J. G. de Sousa, op. cit. p. 105.

Teatro no Século XVIII

Excetuando-se a poesia – socialmente mais autônoma –, talvez se possa cogitar que o caráter episódico das montagens teatrais difere bastante da configuração das outras artes. Pois ao contrário destas, que sempre contaram com o beneplácito da Igreja (a arquitetura, a escultura e a pintura, na construção de templos em todos os cantos do país; a música, como se sabe hoje, abrigada e desenvolvida no seio da própria Igreja, como aliada do ritual religioso), vê-se que o teatro do período colonial, destinado à catequese e às comemorações cívico-religiosas, praticamente não tinha onde se realizar, valendo-se da praça pública, da rua, do adro dos templos, da feira, das festas populares, da sala dos palácios, dos edifícios religiosos etc. Os primeiros teatros brasileiros, chamados *Casa da Ópera* ou *Casa da Comédia*, foram construídos apenas nos últimos anos do século XVIII, quando o alvará régio de 17 de julho de 1771 estipulou que se erguessem "teatros públicos bem regulados, pois deles resulta a todas as nações grande esplendor e utilidade". Por um lado, interessava à coroa portuguesa ombrear-se às grandes nações européias na produção de música, ópera e dramaturgia; por outro, tratava-se de doutrinar os súditos, "d'aquém" e "d'além mar", através do teatro, tido como "a escola onde os povos aprendem as máximas sãs da política, da moral, do amor da pátria, do valor, do zelo e da fidelidade com que devem servir aos soberanos"[25].

O alvará régio, evidentemente, se insere entre as providências reformistas do governo esclarecido de Pombal e, de fato, propiciou a eclosão das *Casas da Ópera* em cidades brasileiras tão extremas como Rio de Janeiro, São Paulo, Porto Alegre, Recife, Vila Rica, São João del-Rei, Sabará etc. No entanto, o decreto de D. José I perpetua um aspecto crucial do teatro na Colônia: a utilidade, em detrimento do valor artístico das obras e das representações. Ainda no decorrer do século XIX, conforme ressalta Galante de Sousa, as diversas sociedades dramáticas, constituídas por amadores, fazem constar em seus estatutos "que uma das suas finalidades era a instrução do povo"[26]. Vê-se, com tudo isso, que o caráter utilitário continua a solapar a integridade estética do teatro no Brasil, retardando, ou mesmo impossibilitando, seu pleno florescimento. Penso, inclusive, que o poder constituído no século XVIII – público, eclesiástico e particular – perdeu uma oportunidade ímpar de valer-se ainda uma vez da arquitetura – a mais pública das artes; aquela que nos impinge mais acerbamente o poderio de governos, nações, igrejas e classes sociais – para construir teatros, museus e universidades. Isso também revela, a meu ver, a dificuldade – senão a impossibilidade – da Metrópole equiparar-se à Espanha não apenas na produção teatral, mas também na difusão da arte e do conhecimento. Seria preciso esperar, no nosso caso, que a Família Real aqui chegasse, cercada de livros e artistas,

25. Idem, p. 109.
26. Idem, ibidem.

16 O TEATRO NO SÉCULO XVIII

em 1808, para que esse estado de coisas começasse lentamente a mudar, seja com a construção de novos teatros e com a modernização da nova capital, seja com a vinda da Missão Artística Francesa, em 1816.

Do início do século XVIII, chegaram até nós duas peças teatrais do poeta barroco baiano Manuel Botelho de Oliveira (1636-1711), autor de *Música do Parnaso* (1705). Esta obra divide-se em duas partes: na primeira, há poemas escritos em português, espanhol, italiano e latim; na segunda, estão as comédias do autor, *Hay Amigo para Amigo* e *Amor, Engaños y Celos*, escritas em espanhol e de assunto espanhol, conforme frisa a crítica. *Hay Amigo para Amigo* é, em suma, uma resposta (um intertexto, diríamos hoje) à peça *No Hay Amigo para Amigo*, de Francisco Rojas Zorrilla; a outra foi sugerida por *La Dama Boba*, de Lope de Vega, de cujo ato III, cena VII, Botelho extraiu o título de sua peça: *De amor, De Engaños, de Celos*[27]. Botelho, que se jactava de ter sido o primeiro autor nascido no Brasil a publicar um livro, chamava as suas peças, no sentido espanhol, de *Comedia Famosa y Nueva*, e parece ter seguido à risca a *Nueva Arte de Hacer Comedias* de Lope de Vega. Divididos em três jornadas (como os espanhóis), tais textos são, ao contrário dos seus modelos, praticamente irrepresentáveis, uma vez que o autor, conforme o juízo de Décio de Almeida Prado, desconhece os atributos essenciais do palco: "o senso do tempo dramático, a movimentação cênica, a aparente espontaneidade, uma certa verossimilhança"[28]. Esse juízo, partilhado por outros críticos, acrescenta que as peças de Botelho perduram como exemplos de uma literatura culta, cerebral, afastada da realidade e preocupada com meneios de forma e rebuscamento, não hesitando em levar às últimas conseqüências o preciosismo, o jogo de conceitos e a afetação estilística. Entretanto, creio que o valor das peças de Botelho – como o de sua poesia – liga-se em essência ao gongorismo que, na Espanha, em Portugal e nas Américas, revela o gosto do jogo e do artifício. Suas peças, escritas em versos de variada medida, são textos pejados de lugares-comuns barrocos na caracterização da figura feminina, no imbróglio das situações e nas falas das personagens, de que os excertos abaixo, de *Hay Amigo para Amigo*, dão uma idéia: o deus Cupido é, entre outros epítetos, "monarca desnudo" (p. 31); o pavão, cujas penas são comparadas a leques de palmeira, é "frondoso pavón" (p. 32); o amor é "la dulce ardiente llama" (p. 39); de forma similar, D. Diego reflete sobre o amor, em solilóquio: "Pues avivas más tus llamas Cuando acaban tus incendios" (p. 53); o mesmo, dirigindo-se a D. Isabel, diz: "Las armas esgrimid de vuestros ojos" (p. 62); D. Lope, após despertar, conclui: "Que todo el bien, en el Mundo / Se pasa como soñado" (p. 72). D. Lope, ao receber uma carta de D.

27. Apud D. de A. Prado, op. cit., p. 59.
28. Idem, ibidem.

TEATRO NO BRASIL SETECENTISTA

Leonor, das mãos do criado, exclama: "Venturoso papel, que aunque nevado, / Las llamas de mi amor has aumentado, / Efeto, que a su mano se le debe, / Cuando alimenta el fuego entre la nieve!" (p. 83). A descrição de D. Leonor (surpreendida a dormir num campo florido, por D. Lope, que então por ela se apaixona), é feita a D. Diego nos seguintes termos:

> Llego más cerca, y con temores veo
> Para gloria feliz de mi deseo
> Una perla es vileza
> A su rara belleza:
> Una rosa; yo miento
> En su encarecimiento:
> Un ramillete; sigo
> Yerros, en lo que digo:
> Un Ángel; calle el labio
> Tan manifiesto agravio:
> Una Diosa; qué errores
> Me dictan mis amores!
> Pero, si la encarezco deste modo,
> Digo que vi, porque lo diga todo,
> Una perla, una rosa,
> Un ramillete, un Ángel, una Diosa.
> […] De suerte pues, que matadora siento
> La que juzgaba muerta el pensamiento[29].

D. Diego, por ser fiel ao amigo, renuncia ao amor de D. Leonor e a ela se queixa da seguinte maneira:

> Ya llegó, Leonor hermosa,
> (No sé si decirlo puedo)
> Al día nocturna sombra,
> Al Verano duro Invierno,
> Al clavel desmayo triste.
> A la llama fin violento;
> Y por decir mucho en poco,
> Mi amor se acaba, y te pierdo[30].

Ao que a bela dama responde:

> No temas, D. Diego mío,
> Que en amorosos empeños
> Día, Verano, clavel,
> Y llama se acaben presto;
> Pues para el día le guardo
> De lo firme el lucimiento;
> Para el Verano las flores
> De mis finezas prevengo;

---

29. Manuel Botelho de Oliveira, *Hay Amigo para Amigo*, em A. Nascente (org.), *Música do Parnaso*, t. 2, p. 12-13.

30. Idem, p. 45.

O TEATRO NO SÉCULO XVIII

> Para el clavel en mi llanto
> Vital rocío le vierto;
> Para la llama en suspiros
> Le estoy fomentando el viento...[31]

Constata-se que as personagens da peça são convencionais e dividem-se em nobres (os finos e discretos cavalheiros e damas, vitimados pelo Amor) e criados (misto do *gracioso* da comédia espanhola e dos *zanni* da *Commedia dell'Arte* italiana). Todavia, frisemos que em dois momentos da peça há uma espécie de auto-crítica do autor, denunciando, em clave metalingüística, seus excessos barrocos: "Poquito de culto hablemos" (p. 56), pede o criado Puño a D. Diego, que lhe responde: "Es lenguaje de Poetas/ De los que llaman modernos" (p. 57). Ao que aquele retruca: "Ésos no se alaban cisnes,/ Porque se precian de cuervos" (p. 57). O outro criado, Rostro, constata, ao final da peça, quando se revelam os *engaños* em que os nobres estiveram envolvidos: "Es fábula que compuso/ Gongorática poesía" (p. 86).

A peça de Botelho, principalmente em termos de linguagem e composição, paga pesado tributo ao barroco literário, mas não ao teatro da época. Bastante aquém, em termos de dramaturgia, das comédias de Lope de Vega, Calderón de la Barca e tantos outros autores espanhóis do período, esta e a outra peça do autor baiano valem, frisemos ainda uma vez, como exemplos de um barroco literário deliberadamente cultista e enfático, não de textos escritos para serem representados no palco.

Em termos práticos, por todo o século XVIII o teatro continua ligado às representações cívico-religiosas (uma característica constante de nosso teatro), ainda sob a plena influência da comédia espanhola, notadamente na primeira metade do século (na Bahia, em 1717, encenaram-se duas peças de Calderón de la Barca; em 1729, três deste autor e duas de Agustín Moreto). Das 26 representações cívico-religiosas ao longo do Setecentos, de que se tem notícia, algumas foram significativas, cheias de pompa e circunstância, e estão largamente documentadas. Dentre estas, destaco: o *Triunfo Eucarístico*, o *Áureo Trono Episcopal* e as *Crônicas do Cuiabá*. Os dois primeiros eventos aconteceram em Vila Rica e Mariana, respectivamente, guardam resquícios da mentalidade e da festa barroca, e foram estudados com rigor por Affonso Ávila em *O Lúdico e as Projeções do Mundo Barroco*. O *Triunfo Eucarístico* é descrito em pormenores barrocos por Simão Ferreira Machado, em opúsculo publicado em Lisboa em 1734 e consta, em linhas gerais, das festividades sacras e profanas que se realizaram em Vila Rica por ocasião da inauguração da nova matriz do Pilar, entre maio e junho de 1733, tendo como ponto alto a procissão de traslado do Santíssimo da igreja do Rosário para a nova sede. Como de praxe, além das procissões e missas solenes, cavalhadas, corridas de touros e espetáculos pirotécnicos,

---

31. Idem, p. 46

TEATRO NO BRASIL SETECENTISTA

houve a representação de três comédias do repertório barroco espanhol, encenadas em tablado construído ao lado da igreja: *El Secreto a Voces* (de Calderón de la Barca), *El Príncipe Prodigioso* (de autoria não identificada, embora Calderón de la Barca tenha escrito um drama com título semelhante, *El Mágico Prodigioso*) e *El Amo Criado* (de Francisco Rojas Zorrilla). O *Áureo Trono Episcopal*, também estudado por Affonso Ávila, realizou-se em Mariana, em 1748, para comemorar a elevação da cidade a Bispado. Também registrado em opúsculo publicado em Lisboa no ano seguinte, o evento, além dos festejos costumeiros (entre os quais, a encenação teatral), constou de uma novidade: os certames poéticos, numa junção de festa profano-religiosa e academia literária.

Referenda Affonso Ávila – e outros estudiosos – que tais festas (entremeadas, às vezes, de atos acadêmicos) foram uma constante durante nosso século XVIII. Inclusive em Cuiabá, também área de mineração, onde, de 9 de agosto a 11 de setembro de 1790, se realizaram fartas comemorações pelo aniversário do Ouvidor, Diogo de Toledo Lara Ordonhes. As crônicas dos festejos, conservadas pelo próprio ouvidor, foram publicadas no volume IV (1898-1899), da *Revista do Instituto Histórico e Geográfico de São Paulo*, e largamente estudadas por Carlos Francisco Moura, cujo livro *O Teatro em Mato Grosso no Século XVIII*, enumera a intensa atividade cênica da província entre 1729 e 1800. O crítico J. Galante de Sousa encarece tais *Crônicas* porque se encontram nelas as primeiras notações críticas sobre a atividade teatral brasileira, feitas, ao que tudo indica, pela própria pena do ouvidor homenageado. Ademais, é citado nominalmente o ator Victoriano da Costa Viana, negro, ex-escravo, "talvez inimitável neste teatro nos papéis de caráter violento e altivo"[32].

Triunfo Eucharístico *(p. 116, 117 e 118), do cronista Simão Ferreira Machado, livro publicado em Lisboa no ano de 1734 – Narrativa das festividades que assinalaram, em 1733, a inauguração da nova matriz do Pilar, em Vila Rica.*

32. Carlos Francisco Moura, apud D. A. Prado, op. cit., p. 72-73.

El Secreto a Voces, *de Calderón de la Barca. Peça encenada em Vila Rica, em 1733, por ocasião das festas* do Triunfo Eucharístico.

Como de praxe, as longas festas constaram de bailes, cavalhadas e muitas representações teatrais, pinçadas do repertório espanhol (as comédias *O Conde Alarcos*, de Mira de Amescua, e *Amor e Obrigação*, de Antonio de Solís), do repertório italiano (as óperas *Ézio em Roma* e *Zenóbia no Oriente*, de Metastasio), do repertório português (a tragédia *Inês de Castro* e vários entremezes, como *O Saloio Cidadão*, adaptado de Molière – *Le Bourgeois gentilhomme* – provavelmente por Luís Nicolau) e do repertório francês (a comédia *Sganarelo*, baseada em Molière, e a tragédia *Zaíra*, de Voltaire). Como, nas *Crônicas*, não há atribuições de autoria, é possível que estas "sejam passíveis de dúvida", pois, conforme frisa Décio de Almeida Prado, "impressiona a variedade de fontes" dos textos. O crítico, porém, esclarece:

as peças representadas em Cuiabá, sem exceção, possuíam um denominador comum bem próximo do Brasil, via Portugal: "todas elas são *teatro de cordel*" [...] todas haviam sido publicadas ou republicadas recentemente em Lisboa. Participavam, portanto, do repertório corrente em Portugal [...]. A expressão "teatro de cordel", pouco significando do ponto de vista literário, como se tem notado, porque comportava de tudo, nem por isso deixava de corresponder a uma determinada realidade dramática. Esta identidade de palco, constituída por usos e costumes teatrais, alterava não pouco as características nacionais e estilísticas dos textos, tendendo a uniformizá-los[33].

33. Op. cit., p. 69. Grifos do autor.

O Conde Alarcos – Comédia Nova[34]

Por seu turno, os poetas árcades também se empenharam para a regularização da vida teatral na Colônia. Cláudio Manuel da Costa (1729-1789), por exemplo, traduziu e fez representar, em Vila Rica, sete peças do italiano Pietro Metastasio, a mais importante presença cênica nos palcos da Colônia na segunda metade do Setecentos, em substituição aos modelos espanhóis. Tudo via Portugal, que, procurando "reagir contra a influência espanhola, sucumbiu à francesa e à italiana", conforme frisa Galante de Sousa[35].

Por outro lado, da vasta produção teatral do Glauceste Satúrnio subsistiu apenas *O Parnaso Obsequioso*, levada à cena em 5 de dezembro de 1768 para comemorar o aniversário de D. José Luís de Meneses, conde de Valadares, governador da Capitania de Minas Gerais. A breve peça é calcada nas Ações Teatrais de Metastasio, que assim eram chamadas para se diferenciarem das suas óperas ou dramas para música. Carla Inama, citada por Décio de Almeida Prado, sintetiza o que

---

34. "Esta comédia é excelente e foi bem executada; as damas, além de bem trajadas, executaram optimamente o seu papel, sendo singular o que fazia o papel de Branca, que foi Silvério José da Silva" (Cuiabá, 24/08/1790). Silvério representou vários outros papéis femininos: a Zaíra, na tragédia de mesmo nome; a Inês de Castro, a Fênix do *Amor e Obrigação*, uma saloia criada, do *Saloio Cidadão*, a mulher do *Sganarelo*, uma dama da *Zenóbia*, e a dama pupila do *Tutor Enamorado*. Cf. C. F. Moura, *O Teatro em Mato Grosso no Século XVIII*, p. 12 e 82.

35. Op. cit., p. 124.

22   O TEATRO NO SÉCULO XVIII

eram tais Ações Teatrais: "Apolo chama em conselho deuses, musas, deusas e pede-lhes que se enfrentem em tecer loas a uma determinada pessoa, altamente colocada, no dia em que transcorre o seu aniversário ou celebram-se as suas núpcias"[36]. Este esquema é perceptível n'*O Parnaso Obsequioso* do nosso árcade, cuja ação se passa no Monte Parnaso e cujas personagens são Apolo, Mercúrio, Calíope, Clio, Tália e Melpômene, todos empenhados em elevar as qualidades do aniversariante e em enaltecer as Minas Gerais, ainda que timidamente e em função do Governador:

MUSAS:

> Já despede a fria noite
> Toda a sombra, todo o horror;
> Torna ao mundo o novo dia,
> Que enche a terra de esplendor.

APOLO:

> Douram-se os montes,

MERCÚRIO:

> Riem-se os vales,

AMBOS:

> Das claras fontes
> Brilha o licor.

TODOS:

> Oh! que alegre mudança que tudo...

DUAS MUSAS:

> Floresce...
> Esclarece...

TODOS:

> Na gala e na cor.

APOLO:

> Mas que é isto? Inda as Musas em silêncio
> No Parnaso se vêem? Não ouço ainda
> O número sonoro,
> A métrica harmonia,
> Que deve festejar tão fausto dia!
> [...]

CALÍOPE:

> Ao distante País das novas Minas
> Hoje o vemos passar...
> [...]

APOLO:

> Enfim tudo é delícia
> Na opulenta região das áureas Minas;
> E tu, ó bom Menezes,
> Desses troncos incultos, dos penhascos
> Mais hórridos, mais feios,
> Dos queimados Tapuias
> Fazes pulir a bárbara rudeza,
> Fazes domar a natural fereza[37].

36. Op. cit., p. 67.

37. C. M. da Costa, *Parnaso Obsequioso e Obras Poéticas*, em Domício Proença Filho (org.), *A Poesia dos Inconfidentes*, p. 309-316-319.

O *clima* árcade, pastoril, em ameno diálogo, é evidente também nas cantatas de Cláudio Manuel da Costa, das quais cito a primeira, "O Pastor Divino" (onde dialogam as personagens alegóricas Fé e Esperança), um dos raros exemplos de poesia religiosa do poeta mineiro, e a terceira, "Galatéia" (onde são personagens a ninfa Galatéia e o pastor Ácis). Uma *cantata*, como se sabe, não é uma peça de teatro, mas um poema dialogado, bastante praticado na Itália do século XVIII, com árias para canto e outros trechos para recitação, perfazendo-se como uma composição poética exemplar das intersecções entre lírica, música e representação dramática. No rigor da expressão, claro que falta *dramaticidade* aos dois tipos de composição (a ação teatral e a cantata) levados a efeito por nosso poeta – uma vez que não são peças de *teatro puro*, mas formas híbridas de composição lírica. Porém, tais modos poéticos são partilhados pelo mundo culto da época e são exemplares do gosto e do empenho artístico de nosso árcade maior, preocupado em inserir a Colônia num projeto estético de validade geral e universal, não tanto local e particular.

O árcade inconfidente Inácio José de Alvarenga Peixoto (1744-1793), traduziu a tragédia *Mérope*, de Maffei, e escreveu o drama *Enéias no Lácio*, mas ambos infelizmente se perderam, como também desapareceram as peças de Manuel Inácio da Silva Alvarenga (1749-1814), outro neoclássico aficionado das representações teatrais.

Página inicial do manuscrito de O Parnaso Obsequioso, *de Cláudio Manuel da Costa, peça encenada a 5 de dezembro de 1768 no Palácio dos Governadores em Vila Rica.*

O árcade brasileiro que vivia em Lisboa, Domingos Caldas Barbosa (1740-1800), apesar de mais conhecido como compositor de modinhas e lundus, traduziu livremente, do italiano, o "drama jocoso" em um ato *A Escola dos Ciosos* (1795), a ser levado à cena pelo Real Teatro de São Carlos. Para o mesmo teatro, nosso Lereno escreveu duas outras peças, *A Saloia Namorada ou O Remédio é Casar* (1793), pequena "farsa dramática", e *A Vingança da Cigana* (1794), "drama joco-sério". Tais experiências mais nobres foram antecedidas pelo "drama jocoso" *Os Viajantes Ditosos* (1790), que Barbosa escreveu para o suspeito e popularesco Teatro do Salitre.

Outros autores teatrais do século XVIII, menos famosos, foram: o mineiro Lucas José de Alvarenga, autor de *O Cônsul de Calígula* e *A Revolução*; o pernambucano Luís Alves Pinto, cuja comédia em versos, *Amor mal Correspondido* (1780), teria sido a primeira peça de autor brasileiro representada entre nós, na *Casa da Ópera* de Recife; e Alexandre de Gusmão (1695-1753) que, em Lisboa, em 1737, fez representar sua tradução da comédia francesa *O Marido Confundido*.

De acordo com Affonso Ávila, a atividade teatral em Minas Gerais teria tido como "núcleo pioneiro de espetáculos regulares"[38] duas iniciativas particulares: a do contratador Felisberto Caldeira Brant, que promovera exibições teatrais na Casa do Contrato, entre 1748 e 1752; e o "teatrinho de bolso" de Chica da Silva, que o desembargador e contratador de diamantes João Fernandes de Oliveira fizera construir para a famosa negra e sua pequena corte, nos arredores de Diamantina. Consta que aí foram representadas, entre 1753 e 1771, óperas e comédias diversas, entre as quais *Porfiar Amando*, *Chiquito*, *Pelo amor de Deus*, *Encantos de Medéia* e *Anfitrião*, estas duas últimas de Antônio José da Silva, o Judeu (1705-1739).

Este, nascido no Rio de Janeiro e levado a viver em Portugal ainda criança, não mais retorna à colônia, fato pelo qual a crítica não o considera como pertencente à literatura brasileira. Sábato Magaldi, por exemplo, lamenta o fato, afirmando que a qualidade da obra do Judeu "preencheria, com animador alento o vazio de dois séculos"[39] do teatro no Brasil. Causa estranheza, a Décio de Almeida Prado, que poucas obras de autores portugueses do Setecentos – principalmente do Judeu – tenham sido encenadas entre nós, pois o carioca-lisboeta "foi o único escritor teatral do seu país e do seu século a agradar indistintamente ao público e à crítica, aos doutos e aos iletrados"[40]. Além das encenações no Arraial do Tijuco, houve algumas outras, como a montagem de *Guerras do Alecrim e Manjerona*, em 1785,

---

38. *O Lúdico e as Projeções do Mundo Barroco II*, p. 263.
39. *Panorama do Teatro Brasileiro*, p. 31.
40. Op. cit., p. 80.

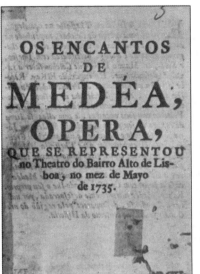 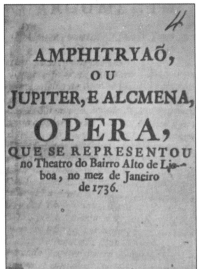

As óperas Os Encantos de Medeia *e* Anfitrião ou Júpiter e Alcmena, *de António José da Silva, faziam parte do repertório do teatrinho de Chica da Silva em Diamantina (1753-1771).*

Antiga Casa da Ópera de Vila Rica (atual Teatro Municipal de Ouro Preto), considerada o mais antigo teatro da América do Sul.

em Cuiabá, e a provável exibição de *Encantos de Medéia* no Rio, em 1769, quando a Casa da Ópera da cidade foi destruída pelo fogo.

Ainda segundo Prado, "afirma-se que o Judeu foi encenado nesta ou naquela cidade [...] por uma questão de probabilidade e até de reivindicação nativista"[41]. O crítico reconhece que a hipótese "é das mais simpáticas", mas argumenta:

para confirmá-la, sem provas documentais diretas, há de se vencer algumas objeções preliminares. As suas peças, de assunto mitológico (salvo duas), de estrutura episódica, lançando mão de efeitos especiais ("tramóias" no jargão teatral) e de constantes mutações de cenário, foram imaginadas, dentro de um estilo barroco em vias de desaparecer, para se apresentarem em teatro de bonecos, onde tudo isto se realizava através de fios, sem dificuldade. Exigiriam, para ser interpretadas por atores de carne e osso, como se pretende haja acontecido no Brasil, um aparelhamento cênico, um domínio artesanal do palco, que o teatro colonial não parecia possuir. Além disso, muitos títulos seus eram tradicionais, a exemplo dos enredos que transcreviam[42].

A existência regular do teatro de bonifrates no Rio de Janeiro e em outras partes da colônia (em Barbacena, por exemplo) seria um bom contra-argumento, se houvesse notícia ou prova documental de que tais grupos chegaram a representar peças do Judeu. Mas nada sabemos, infelizmente. No entanto, a riqueza desse tipo de teatro popular parece entranhada na prática folclórica e cultural do país, e confirmada pelo historiador Luís Edmundo: segundo este, havia no Rio de Janeiro, por volta de 1748, pelo menos três formas diferentes de teatro de bonecos: os *títeres de porta* (improvisados; dependentes do óbulo dos espectadores de passagem); os *títeres de capote* (ambulantes; mais rudimentares que o primeiro, porém mais populares e pitorescos); e os *títeres de sala*, "este último já em franca evolução para o teatro de personagens vivas e com ares gentis de pátios de comédia"[43]. Segundo J. Galante de Sousa, na Capital "havia uma casa na Rua do Cano (atual Sete de Setembro), onde se realizavam espetáculos do terceiro tipo. Neste caso, há certo aperfeiçoamento: palco, cenários de papel etc."[44].

A par disso, faço observar algumas outras questões que interessam à compreensão do teatro específico que se fazia no Brasil Colônia: a. a rigidez da declamação, que, conforme acentua J. Galante de Sousa, "não passava de cantilena monótona, e, quando se tratava de verso, com a rigorosa acentuação silábica e destaque da rima"[45]; b. o anacronismo da indumentária e dos cenários, uma vez que a revolução levada a efeito na declamação e na indumentária, no século XVIII, pelos franceses Lekain e Talma, só seria aplicada no Brasil por João Caetano, preocupado em

41. Idem, p. 81.
42. Idem, ibidem.
43. Apud J. G. de Sousa, op. cit., p. 134.
44. Idem, p. 135.
45. Idem, p. 122.

TEATRO NO BRASIL SETECENTISTA

ajustar a entonação aos estados psicológicos; c. o testemunho dos muitos viajantes que passaram pela Colônia e assistiram a espetáculos na Capital e nas províncias, deplorando, geralmente, as soluções cênicas e o trabalho de atores e encenadores; d. os anúncios dos espetáculos, como não havia imprensa na colônia, eram feitos "por bandos de timbaleiros, que percorriam a cidade, apregoando a peça, o local, a hora etc."[46].

Enfim, se em termos práticos o nascente teatro brasileiro viu-se às voltas com tantos problemas – e se o repertório, via Portugal, era ditado por Espanha, França e Itália –, em termos teóricos constata-se que uma reflexão mais sistematizada sobre o teatro só toma corpo no final do século XVIII, com os principais poetas da chamada Escola Mineira. Assim, da lavra dos árcades pode-se pinçar, aqui e ali, alguns esboços sobre o teatro em geral – e não sobre o teatro brasileiro em particular, como os românticos farão depois.

O mais famoso desses textos é a *Declamação Trágica* (publicada em Lisboa, em 1772), tradução que Basílio da Gama fez de *Déclamation théatrale*, de Claude Dorat (1734-1780), poeta francês que viveu em Lisboa:

> Eu canto a Arte de recitar os versos.
> […] Estude o que é Teatro antes de dar-se a ele.
> Aprenda a magoar os insensíveis peitos,
> E saiba da sua arte as regras, e os preceitos.
> Deve pensar, sentir…
> […] Exercitai a voz, e cultivai o peito.
> Lede no coração, sondai a Natureza.
> Sabei as doces frases da língua Portuguesa.
> […] Para falar em verso convém saber falar[47].

Silva Alvarenga, na *Epístola a Basílio da Gama*, responde ao mestre:

> Sabes agradar, e ensinas por seu turno
> A língua, que convém ao trágico coturno…
> […] A glória da nação se eleva, e se assegura
> Nas letras, no comércio, nas armas, na cultura.
> Nascem as artes belas, e o raio da verdade
> Derrama sobre nós a sua claridade.
> Vai tudo a florescer, e porque o povo estude
> Renasce nos teatros a escola da virtude.
> Consulta, amigo, o gênio, que mais em ti domine:
> Tu podes ser Molière, tu podes ser Racine.[48]

Como se sabe, Basílio da Gama não se tornou êmulo nem de Molière nem de Racine, pois não se dedicou ao teatro.

---

46. Idem, p. 136.

47. J. B. da Gama, *Obras Poéticas*, p. 255-256.

48. M. I. da Silva Alvarenga, Epístola a José Basílio da Gama, em *Obras Poéticas*, p. 289-294.

28   O TEATRO NO SÉCULO XVIII

Finalmente, Múcio da Paixão afirma que Alvarenga Peixoto esteve no Rio entre 1775/76, quando da inauguração do teatro de Manuel Luís, onde teria declamado o seguinte soneto:

> Se, armada, a Macedônia ao Indo assoma
> E Augusto a sorte entrega ao imenso Iago;
> Se o grande Pedro, errando, incerto e vago,
> Bárbaros duros civiliza e doma;
>
> Grécia de Babilônia exemplos toma,
> Aprende Augusto no inimigo estrago,
> Ensina a Pedro quem fundou Cartago,
> E as leis de Atenas traz ao Lácio e Roma.
>
> Tudo mostra o teatro, tudo encerra;
> Nele a cega razão aviva os lumes
> Nas artes, nas ciências e na guerra;
>
> E a vós, alto Senhor, que o rei e os numes
> Deram por fundador à nossa terra,
> Compete a nova escola dos costumes[49].

Apesar da essência reformista e ilustrada dessas breves artes poéticas, não se sabe até que ponto elas auxiliaram o cotidiano de autores, atores, diretores e técnicos de teatro.

À GUISA DE CONCLUSÃO

O presente trabalho nos leva a duas conclusões gerais: a primeira é a constatação de que o teatro brasileiro, principalmente na segunda metade do século XVIII, é um sistema – na acepção de Antonio Candido – plenamente formado e constituído, com o trabalho regular de atores, autores e encenadores diversos, a despeito de poucos registros terem chegado até nós como testemunhos da intensa atividade teatral da Colônia. Fato a lamentar, uma vez que talvez jamais saibamos como se deu especificamente cada encenação entre nós: pois além do texto literário, há no teatro um contingente híbrido que inclui, do ator, voz, gestos, marcação e presença física no palco, além de figurinos, adereços, maquilagem, indumentária, cenários, música, ruídos, iluminação, efeitos cênicos diversos e trabalho em equipe, o que faz do teatro essa arte tão especial e tão apta a toda sorte de celebração e engajamento – daí sua perseguição pelos regimes totalitários; daí seu uso, em toda e qualquer cultura, como veículo de ensino e propaganda; daí seu papel eficaz e efetivo como veículo de denúncias as mais diversas.

---

49. I. J. de Alvarenga Peixoto, *Poesias*, em D. Proença Filho (org.). *A Poesia dos Inconfidentes*, p. 969.

TEATRO NO BRASIL SETECENTISTA

Porém, do ponto de vista da literatura brasileira – e da dramaturgia brasileira, em particular –, creio que devemos lamentar, mais profusamente, a perda de textos, uma vez que nos restam, dos séculos XVI, XVII e XVIII inteiros, não mais do que quinze peças teatrais: os oito autos de Anchieta, as duas comédias de Manuel Botelho de Oliveira, a ação teatral de Cláudio Manuel da Costa e os quatro textos de Domingos Caldas Barbosa, feitos para o teatro português. Tal carência já revela, com honrosas exceções, que o teatro será sempre uma atividade subsidiária para qualquer um dos nossos grandes escritores. Enfim, o contraste gritante entre o nosso teatro e a nossa poesia, lírica e épica, do Setecentos – quando ambas as expressões artísticas estão plenamente configuradas em sistemas – não está no despertar destes para os grandes problemas da nação, mas na falta de textos para o palco com a excelência e a universalidade que nos propiciaram a lírica e a épica do arcadismo.

A segunda conclusão decorre de duas observações de Décio de Almeida Prado, no tocante à qualidade das representações teatrais da Colônia:

> Fica a impressão de um *amálgama pobre* de três dramaturgias ricas: a espanhola, a francesa e a italiana. *Algo mal definido*, que nunca é exatamente comédia (a designação mais freqüente), ou tragédia, ou ópera, extraindo de cada gênero alguns traços, que se fundem *ao sabor das circunstâncias locais*, mais como veleidade artística do que como realização efetiva. Se qualquer coisa de nacional possuíam tais espetáculos seria apenas esta própria *mistura, nascida de frustrações, de insuficiências, não de qualidades positivas.*
> [...]
> Chama a atenção, nos relatos dos europeus, dois tópicos recorrentes: *a má qualidade das representações*, reafirmada por todos eles, e, já na passagem do século XVIII para o XIX, a presença constante de mulatos entre os atores[50].

Por um lado, a presença de atores negros e mulatos nos elencos da época – satirizada na quinta das *Cartas Chilenas* de Tomás Antônio Gonzaga: "ordena-se também que, nos teatros,/ os três mais belos dramas se estropiem,/ repetidos por bocas de mulatos" (p. 829) –, é justificada por vários estudiosos como meio de ascensão social, em proporção inversa, portanto, à decadência social que rondaria os brancos – homem e mulher – que fossem de teatro. Por outro lado, considero que os aspectos tidos como negativos por Décio e pelos viajantes europeus que aqui estiveram, são na verdade positivos, pois revelam, também na prática teatral, nossa *miscigenação*, nossa *mistura*, nossa *diferença* – no sentido que Silviano Santiago e Haroldo de Campos conferem ao vocábulo – em relação à pureza do modelo europeu, aqui corrompido e devorado em ritual antropofágico. Este ritual, conscientemente levado a efeito por Oswald de Andrade e José Celso Martinez Corrêa, está em gérmen nas encenações teatrais da Colônia.

50. Op. cit., p. 71; 78-79. Grifos meus

REFERÊNCIAS BIBLIOGRÁFICAS

ALVARENGA PEIXOTO, INÁCIO JOSÉ DE. POESIAS. IN: PROENÇA FILHO, Domício (org.). *A Poesia dos Inconfidentes*. Rio de Janeiro: Nova Aguilar, 1996.

ÁVILA, Affonso. *O Lúdico e as Projeções do Mundo Barroco II*: áurea idade da áurea terra. 3. ed. São Paulo: Perspectiva, 1994 (Debates 35).

CANDIDO, Antonio. *Formação da Literatura Brasileira*: momentos decisivos (1750-1836). 7. ed. Belo Horizonte; Rio de Janeiro: Itatiaia, 1993, v. 1.

_____. Letras e Idéias no Período Colonial (exposição didática). In: _____. *Literatura e Sociedade*. 8. ed. São Paulo: Publifolha, 2000.

COSTA, Cláudio Manuel da. *Parnaso Obsequioso e Obras Poéticas*. In: PROENÇA FILHO, Domício (org.). *A Poesia dos Inconfidentes*. Rio de Janeiro: Nova Aguilar, 1996.

DIDEROT, Denis *Discurso sobre a Poesia Dramática*. Tradução, apresentação e notas de Luiz Fernando Franklin de Matos. São Paulo: Brasiliense, 1986.

GAMA, José Basílio da. *Obras Poéticas*. Ensaio e edição crítica de Ivan Teixeira. São Paulo: Edusp, 1996.

GONZAGA, Tomás Antônio. *Marília de Dirceu*. In: PROENÇA FILHO, D. (org.). *A Poesia dos Inconfidentes*. Rio de Janeiro: Nova Aguilar, 1996.

LOPES, Edward. *Metamorfoses*: a poesia de Cláudio Manuel da Costa. São Paulo: Fundação Editora da UNESP, 1997.

MAGALDI, Sábato. *Panorama do Teatro Brasileiro*. 5. ed. São Paulo: Global, 2001.

MATOS, Gregório de. *Obra Poética*. Ed. James Amado. 3. ed. Rio de Janeiro: Record, 1992, v. 1.

OLIVEIRA, Manuel Botelho de. Hay Amigo para Amigo. In: _____. *Música do Parnaso*. Prefácio e organização do texto por Antenor Nascentes. Rio de Janeiro: Instituto Nacional do Livro, MEC, 1953, t. 2.

PAZ, Octavio. *Los Hijos del Limo*. Barcelona: Seix Barral, 1974.

_____. *A Outra Voz*. São Paulo: Siciliano, 1993.

PRADO, Décio de Almeida *Teatro de Anchieta a Alencar*. São Paulo: Perspectiva, 1993, (Debates 261).

SILVA ALVARENGA, Manuel Inácio da. Epístola a José Basílio da Gama. In: _____. *Obras Poéticas*. Rio de Janeiro: Garnier, 1864, t. 1.

SOUSA, José Galante de. *O Teatro no Brasil*: evolução do teatro no Brasil. Rio de Janeiro: Instituto Nacional do Livro, MEC, 1960. t. 1.

VOLOBUEF, Karin. *Frestas e Arestas*: a prosa de ficção do romantismo na Alemanha e no Brasil. São Paulo: Fundação Editora da Unesp, 1999.

Bibliografia Consultada

ANCHIETA, José de. *O Auto de São Lourenço*. 8. ed. Rio de Janeiro: Ediouro, 1997.

_____. *Teatro*. São Paulo: Loyola, 1977.

ÁVILA, Affonso. *O Lúdico e as Projeções do Mundo Barroco I*: uma linguagem a *dos cortes*; uma consciência a *dos luces*. 3. ed. São Paulo: Perspectiva, 1994 (Debates 35).

BOILEAU-DESPRÉAUX, Nicolas *A Arte Poética*. Tradução, introdução e notas de Célia Berrettini. São Paulo: Perspectiva, 1979 (Elos 34).

CALDERÓN DE LA BARCA, Pedro. *El Mágico Prodigioso*. 5. ed. Madrid: Espasa-Calpe, 1967.

TEATRO NO BRASIL SETECENTISTA

_____. *No Hay Burlas con El Amor*. 3. ed. Madrid: Espasa-Calpe, 1962.

_____. *A Vida é Sonho*. Tradução de Renata Pallottini. São Paulo: Scritta, 1992.

_____. *O Grande Teatro do Mundo*. Tradução de Maria de Lourdes Martini. Rio de Janeiro: Francisco Alves, 1988.

CAMPOS, Haroldo de. Da Razão Antropofágica: diálogo e diferença na cultura brasileira. In: _____. *Metalinguagem & Outras Metas*. 4. ed. São Paulo: Perspectiva, 1992 (Debates 247).

_____. *Ruptura dos Gêneros na Literatura Latino-Americana*. São Paulo: Perspectiva, 1977 (Elos 6).

CANDIDO, Antonio. Literatura de Dois Gumes. In: _____. *A Educação pela Noite & Outros Ensaios*. 2. ed. São Paulo: Ática, 1989.

HOLANDA, Sérgio Buarque de. *Capítulos de Literatura Colonial*. Organização e introdução de Antonio Candido. São Paulo: Brasiliense, 2000.

HUGO, Victor. *Do Grotesco e do Sublime*. Tradução e notas de Célia Berrettini. São Paulo: Perspectiva, 1988 (Elos 5).

LOPE DE VEGA. *Comedias*. Barcelona: Iberia, 1967, v. 2.

LUCAS, Fábio. *Luzes e Trevas*: Minas Gerais no século XVIII. Belo Horizonte: Editora da UFMG, 1998.

MOURA, Carlos Francisco. *O Teatro em Mato Grosso no século XVIII*. Belém: Sudam, 1976. (Artes, 2).

NEPOMUCENO, Luís André. *A Musa Desnuda e o Poeta Tímido*: o petrarquismo na Arcádia brasileira. São Paulo, Patos de Minas: Annablume, Unipam, 2002.

OLIVEIRA, Manuel Botelho de. *Hay Amigo para Amigo*. Rio de Janeiro: Serviço Nacional de Teatro, MEC, 1973.

PAIXÃO, Múcio da. *O Teatro no Brasil*. Rio de Janeiro: Brasília Editora, [1936?].

POLITO, Ronaldo. *Um Coração Maior que o Mundo*: Tomás Antônio Gonzaga e o horizonte luso-colonial. São Paulo: Globo, 2004.

PRADO, Décio de Almeida. *História Concisa do Teatro Brasileiro*. São Paulo: EdUSP, Imprensa Oficial, 1999.

_____. Evolução da Literatura Dramática. In: COUTINHO, Afrânio; COUTINHO, Eduardo de Faria (dirs.). *A Literatura no Brasil*. 3. ed. Rio de Janeiro, Niterói: J. Olympio, Editora da UFF, 1986, v. 6.

RUEDAS DE LA SERNA, Jorge Antonio. *Arcádia*: tradição e mudança. São Paulo: Edusp, 1995.

SANTIAGO, Silviano. O Entre-lugar do Discurso Latino-Americano. In: _____. *Uma Literatura nos Trópicos*. 2. ed. Rio de Janeiro: Rocco, 2000.

TEIXEIRA, Ivan. *Mecenato Pombalino e Poesia Neoclássica*. São Paulo: Fapesp, Editora da USP, 1999.

TINHORÃO, José Ramos. *Domingos Caldas Barbosa*: o poeta da viola, da modinha e do lundu (1740-1800). São Paulo: Editora 34, 2004.

VOLTAIRE. A Regra das Três Unidades. In: MONGELLI, Lênia Márcia de Medeiros (Org.). *A Estética da Ilustração*: textos doutrinários comentados. São Paulo: Atlas, 1992.

Formas do Espetáculo Setecentista:

a questão dos gêneros e a sua representação

*Ana Portich**

O escopo deste trabalho é dissertar sobre a obra de Antônio José da Silva, levando em conta o espetáculo para o qual foi concebida: antes de serem reunidas pela primeira vez em um só tomo (1744), as suas peças fizeram sucesso no teatro de marionetes, para adultos. Caracterizavam-se ainda por entremear falas e canções; neste sentido, constituíam um melodrama (do grego *mélos* [música] + *dráma* [ação]).

Com efeito, antes de ser entendido como peça teatral cujas personagens levam o público às lágrimas, o termo "melodrama" apareceu para designar um "drama musicado"; com este sentido, a sua origem remonta à Itália de fins do século XVI, quando músicos e poetas pretenderam, nos moldes da tragédia grega, compor peças teatrais em que a poesia coadunasse com a música e a dança. Assim apareceu o melodrama, que posteriormente passou a denominar-se ópera.

Os compositores do melodrama engendrado em Florença em meados daquele século adotaram um estilo musical que possibilitasse aos ouvintes compreender o sentido das ternas palavras cantadas. Para obter esse resultado, o canto coral baseado no contraponto, com o seu naipe simultâneo de vozes, cedeu lugar a solos de voz, em que as mais diversas inflexões denotassem estados de alma das personagens e assim conseguissem emocionar o público. Desde o seu aparecimento o melodrama optou, portanto, por expressar os sentimentos

---

*. Pós-doutoranda em filosofia na Universidade Federal de São Carlos, doutora em filosofia pela USP e professora de filosofia na PUC-SP, SP, Brasil.

das personagens, a fim de comover a platéia, característica que acabou por definir o gênero melodramático quando posteriormente deixou de ser vinculado ao teatro musicado.

É necessário esclarecer, todavia, que a emoção suscitada pelo melodrama se concebe desde então como mais leve que a comoção trágica. Diante dos seus infortúnios amorosos, sentimos pena das ninfas e pastores árcades representados em melodramas quinhentistas, mas o seu sofrimento não se iguala às agruras de Édipo ou Ifigênia. Os assuntos trágicos são mais graves, provocando no espectador uma impressão fortíssima – o terror –, ao passo que o pranto provocado pelo melodrama muitas vezes reverte em alegria, enveredando por um desfecho mais propriamente cômico.

Outro traço importante do melodrama, relacionado ao canto coral – litúrgico ou dramático – que o antecedeu, consiste no uso de linguagem menos elevada e de um tipo de melodia próxima de registros cotidianos de fala, de modo que o público seja mais facilmente afetado pela representação, identificando-se com ela. Há ainda o emprego ostensivo de maquinário cenográfico, de modo a maravilhar sensorialmente os espectadores[1].

As óperas de Antônio José da Silva, o Judeu, causam igualmente grande impacto sensorial, uma vez que o uso de marionetes permite criar, mediante fios e tramóias, bem como mudanças rápidas de cenário, efeitos mais impressionantes do que os logrados por atores e cantores de carne e osso.

Quanto à função de emocionar sem espantar o público (ou seja, não afugentá-lo com a representação de assuntos demasiadamente tristes), o Judeu cuida disso ao compor a trama e caracterizar as personagens, fazendo-as falar e cantar de modo adequado ao gênero que definiu o melodrama desde o começo: o tragicômico, ou nas palavras do próprio autor, o joco-sério.

Vide a edição de 1737 das *Guerras do Alecrim e Manjerona*, que a define como "obra joco-séria", adjetivo que pouco antes havia sido registrado pela primeira vez no *Dicionário da Academia Espanhola*. Com efeito, a fonte mais imediata do gênero joco-sério é a tragicomédia espanhola, cujo maior expoente foi Lope de Vega[2].

---

1. S. d'Amico. *Storia del teatro*, p. 273 e s.

2. Mesmo depois de 1668, quando foi definitivamente restaurada a monarquia portuguesa (que desde 1580 estava incorporada ao reino da Espanha), o teatro espanhol manteve seu prestígio em Portugal, o que explica a escolha de Dom Quixote como tema da primeira ópera de Antônio José da Silva (cf. L. Cruz. Introdução, em Antônio José da Silva, *Vida de D. Quixote; Esopaida; Guerras do Alecrim*, p. 27-29). As belas-letras e o teatro espanhóis nem mesmo foram rechaçados durante a Guerra de Sucessão da Espanha (1703-1713), quando D. João v, para repelir o vizinho ibérico, aliou-se à Áustria imperial – que, por sua vez, privou a Espanha de domínios tais como o Reino de Nápoles. Seguindo a tendência dos aliados austríacos, a corte joanina adotou modelos artísticos italianos (na tentativa de substituir o paradigma hispânico), enviando músicos, pintores e

FORMAS DO ESPETÁCULO SETECENTISTA

Resta saber por que a tragicomédia se apresenta como gênero dramático mais adequado a sensibilizar o público – "sensibilizar" entendido do ponto de vista dos efeitos sensoriais, físicos, provocados na platéia, ou seja, paixões, emoções que tomam o espectador à sua revelia, e não somente o prazer intelectual que uma trama bem urdida pode provocar.

Nesse sentido, o melodrama se entende como gênero afim ao aparato cênico, na busca de efeitos espetaculares que maravilhem o espectador, o que Antônio José da Silva logrou com bastante êxito, segundo o organizador da edição póstuma das suas obras:

> Leitor, foi tão grande o aplauso e a aceitação com que foram ouvidas as óperas que no Teatro Público do Bairro Alto de Lisboa se representaram desde o ano de 1733 até o de 1738, que, não satisfeitos muitos dos curiosos com as ouvirem cotidianamente repetir, passavam a copiá-las[3].

Mais do que a tragédia ou a comédia enquanto gêneros isolados, peças joco-sérias como as do Judeu adequam-se às especificidades do espetáculo, coadunam-se com as limitações materiais da encenação teatral e com a mobilidade dos critérios de gosto do público. Isto porque a tragédia e a comédia puras, sobrecarregadas de preceitos, esgotam facilmente o seu repertório de variações e acabam por entediar o público, enquanto a combinatória dos diversos elementos de um e outro gênero (mediante a qual se compõe uma tragicomédia), por ser infinita jamais deixa de atrair a atenção dos espectadores.

Peças joco-sérias têm como finalidade deleitar, e não purgar os ânimos nem ridicularizar defeitos, funções próprias da tragédia e da comédia. Justifica-se assim a opção de Antônio José por assuntos que não aflijam o público nem provoquem hilariedade em demasia. Um exemplo é a sua ópera *Anfitrião*, baseada evidentemente na peça de Plauto, que no seu prólogo explicita a opção pelo gênero intermediário: "que seja uma comédia com uma pitada de trágico, pois não creio que seja justo fazer uma comédia de fio a pavio, quando nela intervêm reis e deuses. Pois quê?! Já que há nela, também, um papel de escravo, vou fazer tal e qual como disse: uma tragicomédia"[4]. Deste modo, Plauto deixa claro como se entendiam na antiguidade latina os

---

literatos portugueses para estágios na Itália, e contratando italianos para atuar em Portugal. Fomentou-se então em Portugal a produção operística nos moldes dos idílios arcádicos compostos pelo napolitano Metastásio, o mais importante autor de óperas da primeira metade do século XVIII (na condição de primeiro músico da corte do imperador austríaco, Metastásio se radicara desde 1730 em Viena). É de notar ainda que Francisco Luís Ameno, editor das obras póstumas de Antônio José da Silva, tenha sido tradutor de Metastásio. Cf. F. M. Silveira, *Concerto Barroco às Óperas do Judeu* p. 107; G. Nicastro, *Metastasio e il teatro del primo Settecento* p. 414; J. Meyer *La France Moderne de 1515 à 1789*.

3. Apud F. M. Silveira, op. cit., p. 120.

4. Plauto, *Anfitrião*, tradução de Carlos Alberto Louro Fonseca, p. 42, linhas 58-62.

36 O TEATRO NO SÉCULO XVIII

preceitos de Aristóteles sobre a construção de personagens trágicas ou cômicas, os quais rezavam o seguinte:

como os imitadores imitam homens que praticam alguma ação, e estes, necessariamente, são indivíduos de elevada ou de baixa índole (porque a variedade dos caracteres só se encontra nestas diferenças), necessariamente também sucederá que os poetas imitam homens melhores, piores ou iguais a nós, como o fazem os pintores [...]. Pois a mesma diferença separa a tragédia da comédia; procura esta imitar os homens piores, e aquela, melhores do que eles ordinariamente são [...]. É, pois, a tragédia imitação de uma ação de caráter elevado[5].

Plauto não deixa dúvida de que Aristóteles se referia a escravos e súditos ao falar sobre homens piores a serem imitados comicamente, ou que o estagirita planteava deuses e reis como os melhores para protagonizar ações de caráter elevado, representadas em chave trágica.

No entanto, uma vez que a tragédia e a comédia pagãs não agradavam mais em tempos de Inquisição, seria necessário reatualizá-las, sem incorrer no erro de pôr gentios em cena heroicamente, ou seja, de maneira tão elevada quanto queria Aristóteles. Para preservar incólume a grandeza da religiosidade católica, dramaturgos devotos não poderiam representar mitos pagãos com a mesma gravidade e altivez implicadas nos assuntos sagrados.

A solução encontrada para resolver esse impasse partiu do teatro latino, tomando Plauto como exemplo prático; de Horácio se extraiu o aporte teórico, pois, embora a mistura seja desaconselhada na sua *Arte Poética*, às vezes torna-se imperativo nuançar os gêneros, diversificando as maneiras de atingir o público:

Um assunto cômico não quer ser desenvolvido em versos trágicos. Do mesmo modo, a ceia de Tiestes não é digna de ser narrada em poemas que convêm a personagens privadas e próximas do soco. Que cada coisa guarde o lugar que lhe convém e que lhe coube em partilha. Algumas vezes, contudo, de um lado, a comédia eleva a voz e Cremes irado ralha com linguagem enfática e, de outro, os trágicos Télefo e Peleu, muitas vezes, se lamentam em linguagem prosaica quando, um e outro pobres e exilados, rejeitam o estilo empolado e as palavras de um pé e meio se buscam tocar o coração do espectador pelo queixume[6].

Em Portugal de meados do século XVIII, como em qualquer território católico durante a Contra-Reforma, pôr deuses pagãos em cena (como Júpiter no *Anfitrião* de Antônio José), implicava optar por um tratamento menos sério, sob risco de incorrer em heresia. Daí haver, nas óperas do Judeu, personagens de baixa extração em conluio com deuses e heróis antigos, tratando de assuntos às vezes sérios, às vezes jocosos, em linguagem lírica (elevada) ou em linguagem cotidiana, repleta de pilhérias.

Quase dois séculos antes de Antônio José da Silva, esse expediente havia sido utilizado na Itália para justificar a emergência do

5. *Poética*, 1448a1, a16, 49b24, p. 105 e 110.
6. *Arte Poética*, p. 29.

FORMAS DO ESPETÁCULO SETECENTISTA 37

drama pastoral – principal temática do melodrama –, no qual se dava um tratamento bucólico, mais leve, às tramas mitológicas. A pastoral apareceu como uma versão atualizada da tragédia grega; a justificativa dos seus autores e encenadores, ao optar por um estilo menos pesado, fundamentou-se, como vimos, em argumentos teológico-políticos.

É interessante notar que um dos primeiros a defender o drama pastoral como alternativa canônica, como gênero literário mais adequado às determinações contra-reformistas foi um dramaturgo e encenador judeu, ativo na segunda metade do século XVI. Refiro-me a Leone de Sommi, judeu nascido em Mântua, cidade católica onde a população mosaica tinha apoio dos duques para viver e trabalhar, constituindo um dos poucos refúgios para essa comunidade que estava proibida de habitar a Península Ibérica e vinha sendo programaticamente removida da Península Itálica.

A título de esclarecimento histórico, cumpre dizer que em 1492 exércitos castelhanos conseguiram reaver o reino de Granada, último bastião maometano na Península Ibérica[7]; no mesmo ano os Reis Católicos decretaram a expulsão dos judeus de todos os territórios sob domínio espanhol. Como disse mais tarde Felipe II (1527-1598): "cem vidas eu tivesse, todas perderia, perderia todos os meus domínios, pois não quero nem pensar em ser soberano de heréticos"[8].

A proteção concedida aos judeus pelos Gonzagas, duques de Mântua, antecedeu, portanto, o movimento de reação à Reforma luterana: datava do início do século XVI, quando a Espanha havia conquistado a Sicília e o reino de Nápoles, onde também decretou a perseguição aos hereges – fossem muçulmanos ou judeus.

Todavia, a Inquisição se arrogava o direito de deliberar sobre assuntos que eram prerrogativa dos poderes temporais; nesse embate, cidades italianas como Mântua usaram como cavalo de batalha a causa dos hebreus, aos quais até mesmo os Estados pontifícios se mostraram favoráveis quando recrudescia o conflito entre espanhóis e o papado.

Isso não quer dizer que houvesse integração com a população cristã ou com seus governantes, os quais, se não expulsavam os judeus, tampouco lhes davam autorização para residir definitivamente em seu território, e os confinavam em guetos (com a condição de que não possuíssem bens imóveis); não tardou que a Igreja tornasse ilegal, em todo o mundo católico, a realização de empréstimos a juros (a usura), principal atividade econômica dos judeus. "Assim, na segunda metade do século XVI uma série de medidas foi tomada por vários

7. Em 1502, cinquenta mil muçulmanos que ainda eram tolerados no sul da Espanha tiveram de rumar ao exílio, cf. J.-C. Margolin, (dir.), *L'Avènement des temps modernes*, p. 311.

8. Apud, C. Vivanti, La storia politica e sociale: dall'avvento delle signorie all'Italia spagnuola, em *Storia d'Italia*, p. 391.

38 O TEATRO NO SÉCULO XVIII

governos da península [itálica] para praticamente excluir os hebreus do consórcio social"[9].

Não obstante o *Talmude* e a *Torá* proibirem a prática do teatro, os espetáculos teatrais montados pela comunidade hebraica constituíram um elo importante entre o gueto e a corte de Mântua. Desde 1525 havia registro de espetáculos custeados e realizados por judeus, para apresentação nos palácios dos Gonzagas e nas festividades do ducado[10].

Encerrado o Concílio de Trento (1545-1563), que oficializou a Contra-Reforma, a Santa Sé e os bispos da Inquisição ordenaram que as investigações contra heresia ocorressem à revelia das autoridades civis. Mas em 1567 o duque Guglielmo Gonzaga, em defesa da sua soberania na esfera política – sendo esta fundamentalmente laica –, opôs resistência à intervenção eclesiástica, negando ao inquisidor mantuano o direito de atuar sem lhe prestar contas, sendo por isso ameaçado de excomunhão[11].

Reforçando os seus flancos internos, o duque continuou a prestigiar o partido judeu: Leone de Sommi, como importante articulador das relações entre os seus e os príncipes de Mântua, Ferrara e Sabóia, nessa época foi admitido na Academia de Mântua e começou a escrever os seus *Quatro Diálogos em Matéria de Representação Cênica*[12].

Nesses *Quatro Diálogos*, as objeções contra a representação de deuses pagãos são citadas e refutadas por Leone de Sommi, que qualifica de "hipócritas" aqueles que "costumam condenar em espetáculos desse gênero o fato de introduzir o culto dos gentios, dizendo que servem de mau exemplo". Hipócritas porque, dissimulando pendores heréticos, levam a sério o politeísmo antigo, ou porque levantam falsas acusações contra os dramas pastorais, cujos representantes em nada pecam, na medida em que tratam do assunto em registro adequado: "com tão profanas tolices, exatamente, a gente deve brincando troçar, o que não seria lícito fazer com coisas sagradas e divinas"[13].

Por classificar os motivos pastorais como tolices, e ressaltar neste gênero os aspectos que o aproximam da comédia (assuntos de menor importância, aptos a alegrar, e não grandes questões públicas ou teológicas, dignas de respeito e motivo de preocupação), Sommi demonstra estar acatando as decisões do Concílio de Trento, que na sua

9. Idem, p. 401.
10. F. Marotti, Introduzione, em Leone de Sommi, *Quattro dialoghi in materia di rappresentazioni sceniche*, p. XLIII.
11. Cf., C. Vivanti, op. cit., p. 410-411.
12. De acordo com Emilio Faccioli. "Leone foi admitido na Academia *degli Invaghiti* com o título de 'escritor', ou seja, não propriamente como acadêmico efetivo". Faccioli nota ainda que não se apoiava os judeus por cordialidade, mas por interesses econômicos; sendo a sua inclusão apenas parcial, os judeus não tinham acesso aos vértices das instituições cortesãs. Cf. E. Faccioli, Cronache e personaggi della vita teatrale, em *Mantova: Le Lettere*, p. 554.
13. L. de Sommi, Quatro Diálogos em Matéria de Representação Cênica, em J. Guinsburg (org.), *Leone de Sommi:* um judeu no teatro da Renascença italiana, p. 89.

FORMAS DO ESPETÁCULO SETECENTISTA

25ª e última sessão recomendava "expressamente para uso e veneração dos fiéis somente as imagens de Nosso Senhor, da santa Virgem e dos santos (item em que implicitamente se incluem os anjos)", na tentativa de "eliminar do culto toda e qualquer superstição pagã"[14].

Segundo Sommi, as pastorais, por lidarem com a mitologia pagã como fonte de prazer e não como objeto de devoção, estão abonadas para inserir pagãos em cena sem heresia. Por aí se entende o papel da temática mitológica nos dramas pastorais e no melodrama, e a exigência de um rebaixamento de tom que mantivesse distância dos elevados assuntos sagrados.

Após este excurso, é possível pôr em paralelo os modelos italianos e a matriz castelhana das óperas joco-sérias escritas pelo Judeu (e musicadas por Antônio Teixeira, compositor que, a expensas do rei de Portugal, havia ido à Itália estudar óperas)[15].

Como escreveu Lope de Vega na sua *Nova Arte de Fazer Comédias* (1609), "perdemos o respeito por ele [Aristóteles] / quando mesclamos a sentença trágica / à baixeza cômica […] / mas às vezes o que é contrário ao justo / pela mesma razão deleita o gosto"[16]. No entanto, a intenção de deleitar a platéia não significa que dramaturgos como Lope de Vega desconheçam ou descartem as regras da arte dramática. Como Leoni de Sommi, Lope de Vega e Antônio José dominam essas regras, tendendo aqui para o gênero trágico, ali para o gênero cômico cientes das conseqüências teológico-políticas da sua opção pelo estilo intermediário.

Não se conclua daí que, por permanecer aquém da tragédia e do melodrama, o gênero cômico puro, protagonizado pela plebe ou por escravos, liberaria o dramaturgo ou o comediante de quaisquer compromissos. Pelo contrário, a atenção do autor de comédias deve ser redobrada, como considera Carlo Gozzi em sua *Reflexão Ingênua*[17], escrita em 1772. Remeto ao texto de Gozzi para que possamos abordar a tragicomédia (bem como o melodrama, por priorizar esse gênero) a partir de uma perspectiva distinta daquela que denota a opção por gêneros intermediários como legitimação do movimento contra-reformista. Com efeito, Carlo Gozzi censura o melodrama justamente por incentivar a desobediência a autoridades civis e religiosas. O principal alvo da sua censura é a comédia goldoniana, que Gozzi denuncia por promover

---

14. V. Grumel, Culte des images, em *Dictionnaire de théologie catholique*, p. 812.

15. Segundo Luiz Francisco Rebello, "D. João V manda estudar em Itália os músicos mais notáveis de sua corte (entre os quais […] Antônio Teixeira, que compôs a música das 'óperas joco-sérias' de Antônio José da Silva […]) e contrata para virem trabalhar aqui não só os mais famosos maestros e cantores italianos do seu tempo como até decoradores e arquitetos, a quem encarrega a edificação de novas casas de espetáculo", *História do Teatro Português*, p. 61-62.

16. Lope de Vega, *Arte Nuevo de Hacer Comedias*, em F. S. Escribano; A. P. Mayo, *Preceptiva Dramática Española*, p. 159 e 164.

17. A tradução deste título foi-me gentilmente sugerida por Roberta Barni.

40   O TEATRO NO SÉCULO XVIII

personagens baixas a protagonistas de situações sérias, e por aviltar personagens eminentes, figurando-as com máscara. Defende o retorno à jocosidade da *Commedia dell'Arte* como reação aos esforços empreendidos por Carlo Goldoni em prol da tragicomédia; segundo Gozzi[18], as deletérias comédias deste veneziano haviam feito "dos verdadeiros nobres, espelho de iniqüidade e ridículo; e da verdadeira plebe, exemplo de virtude" com a finalidade de "atrair o interesse do povo miúdo, que vê sempre com desdém o necessário jogo da subordinação". Que se reservem as lágrimas para a tragédia, recomenda Gozzi, ao invés de comover os ânimos introduzindo nobres paixões em "mórbidos dramas familiares", como fazem os que têm como pérfidos objetivos

sustentar com eficácia o jus natural; pintar, com os mais vivos traços da eloqüência, os superiores como falazes, como tiranos enganados por maus conselhos; pintar como preconceitos as razoáveis regras familiares, como injustamente compartilhados os dons[19], como desumano o despotismo dos pais; [e] incitar em todos a liberdade de pensar e de agir [*operare*][20].

Esse tipo de teatro não é menos perigoso para a Igreja, avisa Gozzi. O assunto da comédia reformada por Goldoni e pelos seus êmulos faz os espectadores se espelharem em perigosos exemplos,

manipulados por industriosos escritores, mediante máximas do jus natural em que se confrontam, por um lado, a virtude oprimida dos heréticos, por outro, a tirania e a bárbara opressão dos católicos, de modo a deixar no auditório, seu discípulo, uma impressão de repulsa pelas máximas austeras do catolicismo e de inclinação pelas máximas dos heréticos, afastando-o ainda mais da Igreja e dos sacerdotes[21].

Sob pretexto de se imbuir de uma "imaginária cultura", espectadores adeptos do gênero tragicômico, com "ridículas caretas de nojo, afetam não poder suportar uma comédia popular", preferindo assistir a sublimes tragédias. Por considerar o público de teatro incapaz de compreender e de apreciar os elementos trágicos incorporados à comédia por dramaturgos como Goldoni, Gozzi diz que tão afetados espectadores juram assistir à tragédia "com atenção e enlevo, mas não entendem o andamento da ação, nem as circunstâncias, nem os sentimentos!"[22]

Àqueles que pretenderam reformar a comédia, elevando-a ao nível da tragédia, banindo "as facécias populares e chamando malicio-

---

18. A. Beniscelli, Introduzione, em C. Gozzi, *Il ragionamento ingenuo*, p. 33. Pôr em paralelo a rejeição do baixo cômico operada por Goldoni e as óperas joco-sérias (tragicômicas) de Antônio José da Silva é procedimento corroborado pelo fato de Francisco Luís Ameno, editor da antologia póstuma de Antônio José, ter sido também tradutor de Goldoni. Cf. J. O. Barata. Introdução, em A. J. da Silva, *Esopaida*

19. O editor observa que "dons" aqui tem a conotação de "patrimônio".

20. C. Gozzi, op. cit., p. 62.,

21. Idem, p. 67.

22. Idem, p. 77.

FORMAS DO ESPETÁCULO SETECENTISTA

samente de tirania política o fato de manter o povo na ignorância", Gozzi responde:

não é tirania, mas caridosa e madura prudência acostumar os povos, tanto quanto possível, a essa simplicidade que de forma alguma denomino ignorância; ao contrário, tirano furioso é aquele que, tentando infundir-lhes sofismas e uma perigosa soberba [*sublimità*], os inquieta e os expõe aos funestos e necessários castigos de quem governa[23].

Note-se, a partir do protesto de Gozzi, que as facécias e comédias por ele denominadas "populares" não são realizadas pelo povo, mas verticalmente dirigidas a ele. Porque o gênero cômico se limita a representar personagens de baixa extração, a comédia é o gênero mais apropriado para ser visto pelo povo, ratificado como plebeu, portanto insensível e ignaro em relação aos assuntos de maior monta conduzidos pela nobreza e pelo clero (como instâncias auto-referentes detentoras do poder). O povo, neste sentido, é definido por Gozzi como incapaz de compreender, de apreciar e protagonizar o gênero trágico. É, pois, insubordinação política e inversão da ordem natural apresentar uma comédia tão séria como a de Goldoni.

Pensar as óperas de Antônio José da Silva como espetáculos tragicômicos (joco-sérios) nos conduz a conectá-las com o rebaixamento de temas trágicos, característico da obsequiosa reverência à ortodoxia contra-reformista, o que revela os fundamentos teológicos (ultracatólicos) da preceptiva melodramática.

Por outro lado, a representação de comédias em tons trágicos foi combatida no século XVIII por autores como Carlo Gozzi, em polêmica que não se restringiu à Itália, pois o seu contendor – Carlo Goldoni – transferiu-se, na década de 1760, para Paris, onde viveu trinta anos. Mesmo Antônio Teixeira, parceiro de Antônio José da Silva na composição das óperas, havia passado temporadas na Itália, estudando o gênero melodramático neste centro de referência. Na França celebrizou-se com Diderot e seus detratores o debate sobre o potencial antimonárquico da tragicomédia nos moldes goldonianos, cuja versão francesa deu vazão ao gênero hoje conhecido como drama burguês.

É na confluência de ambas as tendências que se vislumbra o teatro de Antônio José da Silva, o Judeu.

REFERÊNCIAS BIBLIOGRÁFICAS

AMICO, Silvio d'. *Storia del teatro*. Milano: Garzanti, 1970, v. 1.

ARISTÓTELES. *Poética*. Tradução de Eudoro de Sousa. Lisboa: Imprensa Nacional – Casa da Moeda, 1990.

BARATA, José Oliveira. Introdução. In: SILVA, Antônio José da. *Esopaida*. Coimbra: Editora da Universidade de Coimbra, 1979.

23. Idem, p. 62.

42 O TEATRO NO SÉCULO XVIII

BENISCELLI, Alberto. Introduzione. In: GOZZI, Carlo. *Il ragionamento ingenuo*. Genova: Costa & Nolan, 1983.

CRUZ, Liberto. Introdução. In: SILVA, Antônio José da. *Vida de D. Quixote; Esopaida; Guerras do Alecrim*. Lisboa: Imprensa Nacional – Casa da Moeda, 1975.

FACCIOLI, Emilio. Cronache e personaggi della vita teatrale. In: _____ (org.). *Mantova: Le Lettere*. Mantova: Istituto Carlo d'Arco, 1962, v. 2.

GOZZI, Carlo. *Il ragionamento ingênuo*. Genova: Costa & Nolan, 1983.

GRUMEL, Venance Culte des images. In: *Dictionnaire de théologie catholique*. Paris: Letouzey et Ané, 1922, v. 7, t. 1.

HORÁCIO. *Arte Poética*. Tradução de Dante Tringali. São Paulo: Musa, 1993.

LOPE DE VEGA CARPIO, Felix. Arte Nuevo de Hacer Comedias. In : ESCRIBANO, Frederico Sánchez, MAYO, Alberto Porqueras. *Preceptiva Dramática Española*. 2 ed. Madrid : Gredos, 1972.

MARGOLIN, Jean-Claude (dir.). *L'Avènement des temps modernes*. Paris: PUF, 1977.

MAROTTI, Ferruccio. Introduzione. In: SOMMI, Leone de. *Quattro dialoghi in materia di rappresentazioni sceniche*. Milano: Il Polifilo, 1968.

MEYER, Jean. *La France moderne de 1515 à 1789*. Paris : Fayard, 1985.

MONTEIRO, Nuno Gonçalo. D. João V (1706-1750): o ouro, a corte e a diplomacia. In: MATTOSO, José (dir.). História de Portugal: o antigo regime. Lisboa: Estampa, 1998.

NICASTRO, Guido. *Metastasio e il teatro del primo Settecento*. Bari: Laterza, 1996.

PLAUTO. *Anfitrião*. Tradução de Carlos Alberto Louro Fonseca. 2. ed. Coimbra: Instituto Nacional de Investigação Científica, 1986.

REBELLO, Luiz Francisco. *História do Teatro Português*. 2. ed. Mem Martins: Europa-América, 1972.

SILVEIRA, Francisco Maciel. *Concerto Barroco às Óperas do Judeu*. São Paulo: Editora da USP; Perspectiva, 1992.

SOMMI, Leone de. Quatro Diálogos em Matéria de Representação Cênica. Tradução de Jacó Guinsburg. In: GUINSBURG, J. (org.), *Leone de Sommi:* um judeu no teatro da Renascença italiana. São Paulo: Perspectiva, 1989.

VIVANTI, Corrado. La storia politica e sociale: dall'avvento delle signorie all'Italia spagnuola. In:_____. *Storia d' Italia*. Torino: Giulio Einaudi, 1974, v. 2, t. 1.

Antecedentes da Comédia Setecentista:

a Commedia dell'Arte

*Roberta Barni**

A *COMMEDIA DELL'ARTE* É O PRIMEIRO TEATRO PROFISSIONAL DO MUNDO EUROPEU

Comédia *bufonesca*, comédia *histriônica*, comédia *de máscaras*, comédia *improvisada*, comédia *italiana*, comédia *de mercenários*: as denominações desse gênero foram inúmeras, mas a de *Commedia dell'Arte* prevaleceu, pois de certo modo definia com precisão uma de suas características essenciais: era representada, pela primeira vez na Europa, por companhias de comediantes regularmente constituídas: agrupamentos de artistas que viviam da própria arte. Em outras palavras, por comediantes de profissão. Sim, pois a palavra arte mantinha seu sentido medieval, e abrangia dois significados: o de ofício, trabalho, profissão, bem como o de aptidão especial, talento singular. Essa denominação *Commedia dell'Arte*, porém, é posterior ao aparecimento do fenômeno; de fato será Goldoni quem combinará os dois vocábulos em seu *Teatro Cômico*[1], de 1750. De Carlo Gozzi em diante, o termo passará a ser de uso corrente.

Quanto às outras denominações, essas também nos revelam algumas características daquele teatro. Histriônica porque mostrava a arte

---

* Departamento de Letras Modernas, Faculdade de Filosofia, Letras e Ciências Humanas, USP, SP, Brasil.

1. Uma das comédias mais famosas de Goldoni, *O Teatro Cômico*, poderia ser definida como "metacomédia", pois trata do método pelo qual, segundo o autor, uma comédia deveria ser estruturada e organizada.

dos histriões, os comediantes, (denotando, assim, a centralidade do ator no mecanismo espetacular, mas tornaremos a isso); Improvisada, pois se acreditou por muito tempo que assim fosse. Comédia mercenária porque salientava o aspecto comercial do ganho (sem nenhuma conotação depreciativa), reafirmando assim sua característica de profissionalismo; de máscaras porque uma das características marcantes de seus espetáculos era que a maioria dos atores representava seu papel usando uma máscara. *Comédie Italienne* era sua denominação na França, pois algumas dessas companhias fizeram fortuna naquele país: os atores italianos que se aventuraram além dos Alpes inventaram, por necessidade, a viagem do espetáculo, em outras palavras, a "turnê" teatral.

A *Commedia dell'Arte* nasceu na Itália, em seguida disseminou-se Europa afora: França, Inglaterra, Espanha, Alemanha e Polônia, Áustria, Bohêmia e até a distante Rússia sentiram sua passagem. Era um teatro primordial fundamentado no gesto, na máscara e na improvisação.

Tradicionalmente, situa-se o nascimento da *Commedia dell'Arte* em meados do século XVI. O primeiro estatuto de uma companhia de atores profissionais, ou "cômicos", de que se tem conhecimento data de 1545[2]: é o registro de uma ata notarial que estabelece e regula uma companhia de atores profissionais. Trata-se da companhia de Maphio dei Re, ou Maffio Venier, mais conhecido como Zanini.

Uma companhia de Comici dell'Arte *em turnê. Pintura de Karel Dujardins, 1657. Acervo do Museu do Louvre.*

---

2. E. Cocco, apud F. Taviani; M. Schino, em *Il segreto della Commedia dell'Arte*, e apud R. Tessari, *La Commedia dell'arte*.

Na outra ponta, marca-se o fim da *Commedia dell'Arte* no final do século XVIII. Dois séculos de vida, portanto. Naturalmente são datas convencionais, que se baseiam principalmente nos documentos que chegaram até nossos dias. Tendemos hoje a situar o seu foco principal entre 1580 e 1630. A primeira data refere-se ao aparecimento de diversas publicações ligadas às atividades dos atores profissionais – os "mercenários" –, e à obtenção, por parte das companhias, de uma maturidade artística que marcaria definitivamente a história do teatro. A segunda data assinala uma crise profunda na cultura da corte e de suas manifestações teatrais.

A PRESENÇA DA *COMMEDIA DELL'ARTE*

Já Shakespeare, Goldoni e Molière buscaram na *Commedia dell'Arte* inspiração e modelos. Desse universo feito de máscaras e *lazzi* (o que hoje chamaríamos de *sketches*, ou breves cenas de repertório cômico), porém, nos restam poucos elementos, documentos, rastros espalhados no mundo inteiro, particularmente na Europa, e muitos mitos.

Não é de surpreender que um mundo ainda tão misterioso constitua um manancial de estudos para os cultores da matéria, assim como não surpreende que após anos de sono ela tenha sido retomada nas cenas do século XX por Max Reinhardt, Meierhold, Strehler e outros diretores de teatro contemporâneos. Muito foi dito, muito ainda há a ser dito e esclarecido esperando que um dia o "segredo" da fortuna e do declínio da *Commedia dell'Arte* possa ser totalmente desvelado.

A *Commedia dell'Arte* intrigou, e ainda intriga, todos os que se ocupam ou gostam de teatro. Sabemos que tanto no plano teórico quanto no plano prático ainda hoje são realizados estudos sobre esse fenômeno que, como dissemos, foi retomado pelos maiores diretores teatrais contemporâneos – especialmente os russos – e que alguns deles tiraram daí as bases de teorias sobre as técnicas do movimento corporal. A *Commedia dell'Arte* é retomada também pelas escolas de teatro, que buscam resgatar suas técnicas para a formação dos futuros atores. Enfim, por mais irreconstituível que seja, sua técnica ainda inspira os palcos em toda parte. Isso porque, podemos afirmar sem sombra de dúvida, ela condensa de modo extremamente funcional todos aqueles recursos de interpretação e improvisação que um ator terá de dominar para realizar seu trabalho.

Mas a *Commedia dell'Arte* também deixou rastros fora do território teatral, pois inspirou poetas, pintores, escritores, cineastas, para atingir o nosso imaginário e nele ficar definitivamente registrada. Prova dessa disseminação de seus frutos é a popularidade de algumas de suas máscaras, vivas até o dia de hoje. Quem, por exemplo, não conhece Arlequim, Pierrô ou Colombina?

O TEATRO NO SÉCULO XVIII

É POSSÍVEL UMA HISTÓRIA DO EFÊMERO?

Como afirma Mario Baratto, estudioso italiano de teatro, se há um aspecto absolutamente extraordinário (no sentido etimológico do termo) no teatro, é o de ser a única arte a viver num presente total e absoluto, que de nenhum modo pode ser recuperado. Sempre temos de atentar para esse aspecto peculiar do teatro, sob pena de incorrer em algum tipo de falta conceitual. É fácil imaginar o quanto essa consciência seja imprescindível ao tratarmos de um fazer teatral que se pensava ser totalmente improvisado e que viveu a uma distância tão imensa em tempo e espaço.

Diante disso, como apreender esse fenômeno? A qual dos diversos pólos de estudo, das diversas correntes devemos dar maior atenção? Como não cair no mito, nos lugares-comuns, na idealização sobre os comediantes italianos, que por diversas vezes tomou conta de atores e estudiosos ao longo do século XX? É praticamente impossível responder. Apesar da imensa bibliografia existente sobre este gênero, ou das diversas tentativas de resgate realizadas ao longo dos anos, quer na teoria quer na prática, a *Commedia dell'Arte*, em sua totalidade, ainda é inapreensível, e talvez assim permaneça.

O que conseguirmos reconstituir será sempre, e inevitavelmente, a idéia que dela fizermos a partir de materiais incompletos. Não obstante os inúmeros estudos realizados nas últimas décadas – notadamente na Itália – baseados em documentos de época e fundamentais, portanto, por terem o mérito de derrubar muitos mitos acerca da Comédia Italiana, uma pesquisa documentária exaustiva ainda está para ser realizada, como, aliás, os próprios estudiosos reconhecem.

Pouco se sabe sobre aqueles indivíduos que, em algumas décadas, foram inventando o profissionalismo teatral. E como a *Commedia dell'Arte* é, principalmente, uma série de fenômenos diversos e complexos, sumariamente compendiados sob este nome, e que tem por protagonistas principais os atores (ou as companhias de atores, que se arrogaram também funções dramatúrgicas) que, ao longo de dois séculos, percorreram Itália e Europa, é compreensível que, sem um maior esclarecimento documentado sobre suas vidas, pouco poderá ser dado como certo.

ORIGEM E DESENVOLVIMENTO

Muito se discutiu sobre qual seria de fato a origem da *Commedia dell'Arte*. Marotti e Romei definiram primorosamente a questão, ao afirmarem que "origem, em cultura, é abstração que simplifica"[3]. Falemos, pois, com ele, em nascimento. Nascimento que, como dissemos,

---

3. F. Marotti; G. Romei, *La commedia dell'arte nella società barocca*, p. XXXI.

ANTECEDENTES DA COMÉDIA SETECENTISTA

data de 1545. Surge a profissão teatral dos cômicos italianos, surge uma nova realidade, a companhia teatral.

De pouco adianta discutir de onde esta teria retirado inspiração, técnicas e repertório. Nada se cria do nada. Parece lógico supor, portanto, que esse "organismo" vivo que era a companhia teatral tenha reunido aquelas que, à época, eram as diversas práticas culturais pré-existentes, assim como as pessoas que já atuavam naquele "fazer espetáculo" ou festa, assimilando-os e criando aos poucos a nova realidade: espetáculos teatrais "totais", com representação, cantos, danças, exibições de diversas habilidades e verdadeiras acrobacias, concentrando, assim, diversas competências cênicas.

A esse propósito é exemplar um trecho de *I Ragionamenti di Messer Pietro Aretino*. Na Primeira Jornada, o autor descreve a espantosa habilidade vocal de um histrião que, ao apartar-se atrás de um biombo, era capaz de imitar "uma brigada de vozes": o carregador bergamasco (o ancestral de Arlequim), uma velha, uma jovem dama, um velho bêbado, e assim por diante, e com a voz ia materializando cenas cômicas com diversas personagens, e *"facea scompisciare da le risa ognuno"*[4].

Temos inúmeras descrições documentadas, que nos falam de atores que tocavam diversos instrumentos musicais em cena, e cantavam, e no canto imitavam os instrumentos; ou atores capazes de cantar canções onomatopéicas em que se imitavam as vozes dos animais...

Aos poucos essas competências foram sendo afinadas, harmonizadas: as companhias estabeleceram seus mecanismos de atuação e um código inteligível para o público (e mais, cativante e atraente), chegando a elaborar verdadeiras estratégias profissionais voltadas, antes de tudo, a lhes garantir a sobrevivência a partir de sua arte. E, mais tarde, muito fizeram para que esse *status* de artistas profissionais lhes fosse de fato reconhecido pela sociedade.

Voltemos ao primeiro contrato anteriormente mencionado, pois é muito revelador: Maphio, (reza o documento)

é eletto in suo capo nel recitar de le sue comedie di loco in loco dove si troveranno [...] el qual tutti li compagni preditti, quanto asspetta a ordine de il recitar ditte commedie, li debba prestar et dar obedientia di far tutto quello ch elui comanderà com ciò et andar invedando per la terra come lui comanderá[5].

---

4. Ao longo deste ensaio optamos por manter o italiano de época pelo sabor do original (com tradução nossa em nota de rodapé) e por traduzir diretamente no corpo do texto os escritos modernos. A tradução literal dessa frase é "todos faziam xixi nas calças de tanto rir", ou "fazia todos morrerem de tanto rir".

5. "é eleito como chefe [Maphio ditto Zanini da Padova] para representar suas comédias de lugar em lugar ali onde estiverem [...] ao qual todos os companheiros anteriormente mencionados, no que tange à ordem da representação das mencionadas comédias, lhe devem obediência, no sentido de fazer tudo o que ele mandar para tanto, e devem 'criar' mundo afora como ele mandar", apud F. Taviani e M. Schino, op. cit., p. 186.

Estão aí condensados os elementos que caracterizam a atividade dos cômicos da Arte para as décadas seguintes e seus modos de produção. Fundamental a figura do *capocomico* – um precursor do moderno diretor teatral – a quem todos, em âmbito cênico e organizativo, devem subordinar-se; o que se representa são "as suas comédias", ou seja, não comédias de autores clássicos, como era usual nas academias e nas cortes, nem de outros autores contemporâneos, mas as "suas", provavelmente adaptadas ou predispostas ou até inventadas pelo *capocomico* ou por outro ator da companhia; também a "ordem do representar", isto é, a disposição dos papéis, e o acerto da ordem das entradas e das saídas em cena, ou seja, a montagem das ações cênicas, é responsabilidade do *capocomico*; os atores, enfim, tem de "andar invedando per la terra come lui comanderà", palavras, essas, que contém, *in nuce*, o aspecto mais significativo da atividade desses cômicos, a invenção do espetáculo teatral sob a direção de um dos atores. Talvez seja a primeira ambígua indicação daquilo que mais tarde se chamará "improvisação" não de autores e atores isoladamente, mas de toda uma companhia.

Os capítulos seguintes do contrato notarial são dedicados aos problemas assistenciais e econômicos internos à companhia. Poderia parecer desinteressante ou desnecessário mencionar esses dados, mas, ao contrário, são dados muito interessantes, pois o tipo de organização que eles criam pode ser visto dentro da seguinte lógica: enquanto estiverem representando juntos, todos dependem da companhia, mas a companhia e as apresentações, ou seja, o ganha pão de todos, depende, em essência, do bem estar de cada um deles, e para que isso possa se dar na melhor das maneiras, criam-se mecanismos protetivos: em caso de doença de um dos sócios, estabelece-se que "detto compagno sia subvenuto et governato de li denari comuni et guadagnati, et speso fintanto sia resanato", ou seja, o grupo tomaria conta dele e de suas despesas até ele estar curado; no caso que "la compangia sara dimandata di fuora via" – a companhia for requisitada em um determinado lugar ou cidade – "che sia obligati andar tutti et che li accordi, che si faranno, far si debbano per questo Zanino", todos ficam obrigados a irem, e quem cuida de todos os acordos será o *capocomico*.

Além disso, uma parte dos ganhos da companhia será guardado numa "caixinha comum", ainda sob a responsabilidade do *capocomico* em conjunto com mais dois atores, e somente no mês de junho, quando a companhia regressará a Padova, "i danari, che si troveranno nella cassella, sian divisi egualmente" – o dinheiro será repartido; ao passo que quem por qualquer eventualidade deixar a companhia "a suo grandissimo danno e vergogna", sem um motivo justo, não só não participará da divisão dos lucros, mas será multado com uma "pena de lire cento de pizoli", parte dos quais, para garantir o apoio das autoridades locais na contenda, irão a "quelli rettori dove si troveranno, una parte alli poveri et una alla compagnia". Enfim, o contrato prevê que "nel principio del mese di septembrio próximo [...] tutti così d'accordo si debba levar et andar al suo viazo", no início do mês de setembro irão seguir viagem, que os levará para Roma. Último compromisso "che li preditti compagni insieme non debino zugar insieme a carte né altro, si non cosse da manzare": prevenir é melhor do que remediar, eis que o contrato impõe um limite sábio ao vício do jogo, que desde sempre caracterizou a profissão do ator.

ESPETÁCULO IMPROVISADO?

A *Invenzione*, portanto, foi tomada por improvisação pura e simples. Dizia-se que um dos elementos da *Commedia all'antica improvvisa italiana* – era a improvisação, ou seja, a liberdade, como também a capacidade, de um ator inventar, na hora, seu papel.

Alguns fatos comprovados sugerem hoje outra interpretação para esse conceito de "improvisação". A *Commedia* não se baseava nas regras do teatro clássico, que previa um texto redigido em sua inteireza: em geral os atores combinavam as falas para cada ocasião, em torno de um tema preestabelecido, um "roteiro" ou "cenário" mais conhecido por "canovaccio". Usando as palavras de Silvio d'Amico,

> O que parece ser próprio à *Commedia dell'Arte* é a arte metódica com que as inatas capacidades mímicas e de improvisação de nossos comediantes foram disciplinadas, para levar a uma perfeição que conciliava, no gosto da época, o máximo efeito de um engenho cênico com o sentido de uma vivacidade extemporânea e definitivamente fora das fórmulas frias da comédia "erudita"[6].

Na realidade, os atores se apoiavam em determinados mecanismos que lhes garantiam uma possibilidade de 'improvisar' as falas e as ações cênicas. Vejamos.

OS *ZIBALDONI* (REPERTÓRIOS)

Se de um lado os atores não possuíam um texto escrito a ser decorado e encenado, por outro cada ator ia se especializando mais e mais num tipo, num personagem e muitos dos cômicos mantinham repertórios, os chamados *zibaldoni*, que nada mais eram do que diários em que iam registrando as falas e os *lazzi* de maior efeito para o público, que depois tornavam a utilizar, aperfeiçoando-os. Alguns desses materiais chegaram até nossos dias. Por exemplo, através do volume *Dell'arte rappresentativa premeditata e all'improvviso,* de Andrea Perrucci, de 1699[7], um dos mais conhecidos.

6. S. d'Amico, *Storia del teatro drammatico*, p. 63. Tradução nossa.
7. Esse material de Andrea Perrucci tem, na verdade, uma intenção reguladora, e é dirigido a atores amadores. Isso, no entanto, não tira a validade de suas sugestões ou a acuidade de suas observações com referência à encenação de *Commedia dell'Arte*.

PAPÉIS FIXOS

Se é refutável o mito de que o ator da *Commedia dell'Arte* representasse única e exclusivamente, e a vida toda, um único papel[8], é inegável que era o que acontecia na grande maioria dos casos, e enquanto a idade o permitisse. Natural que, ao longo do tempo, isso desse ao ator certa "soltura", certo "jogo de cena". Isso, todavia, não nos autoriza a afirmar, como já se fez, que o preparo do ator fosse apenas a natural decorrência do fato de ele representar o mesmo papel a vida toda. Antes de tudo porque não é verdade, ao menos nem sempre. E não podemos esquecer que havia uma razão de "mercado" para a maioria deles manterem o mesmo papel. Se o ator fazia sucesso com sua personagem, a ponto de, por vezes, ser confundido com ela, se o bolso estava garantido e a fórmula funcionava, para quê mudar?

Evidentemente, aqueles atores de maior talento, os que acabariam sendo confundidos com a personagem que haviam criado e representado, ou que a ela dariam o próprio nome, hão de ter sido fonte de inspiração para os demais detentores daquela personagem. (Temos de notar, em glosa, que o mito da personagem, largamente fomentado pelos atores, plausivelmente era parte das muitas estratégias de sobrevivência excogitadas pelos atores que, em época de Contra-reforma, eram muito contrastados pela Igreja e pela sociedade mais conservadora. Alguns atores não se contentaram em misturar seu nome com o da máscara, chegando a assinar documentos apenas com o nome de sua personagem).

Ainda assim, é preciso lembrar que às vezes essas mesmas companhias representavam peças escritas, tradicionais. Isto é, o que ditou esse método de atuação não foi uma questão de capacidade ou não, como foi suposto às vezes; o que, em última análise, regia a batuta do conjunto, era, sem preconceitos, a renda.

E, no fenômeno examinado como um todo, o que parece contar mais é o jogo cênico que regia o conjunto do espetáculo; isto é, aquele entrelaçamento de situações das diversas personagens (situações que afinal iam se repetindo de trama em trama), cuja realização "ao vivo", no entanto, seria impossível se não tivesse cada ator uma grande sincronia e um profundo sentido do conjunto. E os atores da arte conseguiam ter, nisso, uma habilidade ímpar. Ora, estar à vontade com a própria

---

Hoje, ademais, temos certa quantidade de material de época disponibilizado por meio de obras que reproduzem o conteúdo de documentos originais. A coleção *La Commedia dell'Arte – Storia e Testo,* de Vito Pandolfi, recentemente reeditada na Itália, é uma compilação em seis volumes que, embora possa ser alvo, justamente, de reparos metodológicos, tem o inegável mérito de reunir material proveniente das mais diversas fontes. Muito interessantes os mais recentes volumes de Marotti e Romei, Taviani e Schino e Tessari que reproduzem (e comentam criticamente) documentos originais. Ver bibliografia.

8. Um exemplo por todos: Francesco Andreini, titular do Capitão mais famoso da *Commedia dell'Arte*, o *Capitan Spavento della Valle Inferna* (Capitão Pavor do Vale do Inferno), começou sua carreira no papel de namorado.

ANTECEDENTES DA COMÉDIA SETECENTISTA

personagem em qualquer situação, dispondo até de um "formulário" de repertório em mente, permitia, acreditamos, que o ator também atentasse para o conjunto do espetáculo. A ponto de sua participação entrelaçar-se à dos outros, harmonicamente, compondo assim a trama geral. Mas a essa fórmula, extremamente funcional e flexível, os atores chegaram aos poucos, experimentando, burilando, afinando.

Em outras palavras, a "especialização" do ator, o domínio da máscara, do próprio "tipo" ou personagem era um ponto crucial para o espetáculo de *Commedia dell'Arte*, assim como o artesanato do fazer espetáculo.

Sumariamente, os papéis a serem representados eram: o velho, o criado e o namorado, segundo os esquemas da comédia clássica renascentista, mas também, e, sobretudo, as atuações se davam com uma notável liberdade, especialmente no primeiro período do profissionalismo teatral, quando a presença da tradição dos bufões era mais marcada e as mulheres ainda não haviam entrado em cena (os homens seguiam representando os papéis femininos).

Esses elementos todos, em suma, se traduzem na capacidade de lançar mão daquele manancial no momento exato. No linguajar moderno diríamos que os atores da *Commedia* eram dotados de um *timing* espetacular e de um enorme preparo técnico, ambos voltados a responder à situação proposta pelo *capocomico* no roteiro; além disso, sabiam levar em conta o público e suas reações, adaptando a própria atuação à platéia.

De onde teria surgido então o mito de que "tudo era improvisação" no espetáculo de *Commedia dell'Arte*? Ora, como bem nota Marotti, o público nada conhecia do espetáculo a que iria assistir, a não ser o título, até porque não havia textos publicados. Claro, havia variações, de ator a ator, de companhia a companhia, mas na visão do espectador que, não esqueçamos, também era "papel" social que se formava naqueles mesmos dias, essa "'atuação de improviso" era facilmente tomada por "improvisação" *tout court*.

CANOVACCI

Os atores da *Commedia Italiana* fazem uma seleção ditada pela prática, que se mede de um lado com os limites numéricos de uma companhia média, e de outro com as exigências de "fábulas" (tipo de trama a ser representada) suficientemente variadas.

O *canovaccio* se fundamenta no entrecho e na combinação simétrica de oito papéis fixos, aos quais se acrescentam, por vezes, algumas partes móveis: os quatro papéis cômicos das máscaras (dois velhos e dois *zanni*) e os quatro papéis sérios dos namorados, mais as partes da *soubrette*, do capitão, do mago *deus ex machina* (ou outros tipos similares); e mais os figurantes e os objetos (elencados, nos *canovacci*, como as "coisas" para a comédia), que às vezes chegam a ser objetos animados.

52   O TEATRO NO SÉCULO XVIII

Os papéis desencadeiam os mecanismos dinâmicos da comédia, transformando a aparente rigidez do papel fixo em função, e fazendo com que, de 'pontos' ideais e abstratos, o esboço da ação cênica se pareça com uma densa rede de linhas. Um ator, ao representar seu papel, o transforma, para si e para os outros atores em cena, em referência certeira, necessária, assim como todos os outros papéis, ao dinamismo cênico imanente à própria função.

Não casualmente, como aponta Tessari em seu *La maschera e l'ombra*, os manuais tendem a alertar contra qualquer forma de contaminação entre os âmbitos expressivos reservados aos diversos papéis. Uma mistura indevida, uma nuance incerta seria fatal para o funcionamento do espetáculo. Isso se torna ainda mais válido se pensarmos no mecanismo binário mediante o qual a comédia se desdobra (dois velhos, dois criados, dois casais de namorados, e assim por diante, que sempre funcionam por contraste).

ESTRATÉGIAS DE MERCADO

Isto tudo leva a crer que a improvisação fosse, antes de qualquer coisa, uma estratégia de mercado. Em primeiro lugar porque a companhia poderia se apresentar em longas temporadas, no mesmo local, com variação de repertório, ao passo que a tradicional representação de textos escritos se esgotaria muito antes. As situações cômicas dos criados e dos velhos, com o suporte dos namorados, decerto eram mais fáceis de serem identificados, compostas e parcialmente memorizadas, com uma ampla série de possíveis variantes e jogos dialéticos interpessoais. Como nota Tessari:

> Pela primeira vez na história, e muito além dos horizontes entreabertos pela invenção da impressão, um objeto cultural se propõe para um público cada vez mais amplo, e, mais importante, excluído da possibilidade de acesso à comunicação escrita. Isso implica, por outro lado, a construção de uma linguagem adequada ao gosto dos novos comitentes: capaz de satisfazer as exigências implícitas no mercado em que atua. O que, traduzindo em termos concretos, significa elaboração e escolha de determinados *topoi*: *lazzi*, seqüências de palavras, esquemas estruturais do espetáculo, objetivando, todos, o jogo sério de um sucesso que é imperativo conquistar, pois dele depende a própria sobrevivência econômica de todos os que colaboram para a nova "arte"[9].

Esse sistema da *improvvisa*, ademais, encerra outro expediente muito mais interessante: o espetáculo podia ser adaptado, a cada vez, ao público presente. Desde a corte até o espectador pagante de uma sala de comédia. O que permitia que a trama fosse sendo "ajustada", e com ela o tecido verbal, os ritmos, o tempo cênico. Por fim, empregavam-se nos espetáculos as diversas linguagens que

9. R. Tessari, op. cit., p. 63.

se falavam pela Itália, o que Flaminio Scala, cinqüenta anos mais tarde, ao compendiar uma vida de experiência teatral, definirá como "a variação do bergamasco ou do veneziano ou do bolonhês". Esses recursos todos amplificavam a possibilidade de agradar ao público. Estratégias, portanto.

ATUAÇÃO

Quanto ao tipo de atuação, dois elementos merecem destaque: a meia máscara e a estilização, notadamente dos personagens dos criados (*zanni*) e dos velhos. Diversos autores notaram a contigüidade com as máscaras carnavalescas, (mas atenção, Pantalone e *zanni* não surgem no Carnaval, ao contrário, sua popularidade fará com que logo passem a ser incluídos naquela festa). Ademais, era costume veneziano cobrir o rosto com máscaras, tanto nas festas públicas como nas privadas. Hábito este que os bufões do século XVI logo levarão ao teatro. Além disso, há testemunhos sobre o interesse que as máscaras do teatro clássico suscitavam naqueles tempos.

Toda criação se fundamenta em algo já existente. Em linguagem cênica, é inegável a amplificação de gesto que a máscara bem utilizada permite, como se facilitasse a expressão corporal, ou antes, a forçasse ao extremo. Basta lembrar, por exemplo, a dificuldade inicial do aluno-ator quando pela primeira vez veste a "máscara neutra", criada especialmente para fins didáticos. Tira-se a expressão facial de um ator para forçá-lo a explorar o potencial expressivo de seu corpo. Daí à estilização é um passo. Também será legítimo supor que esse expediente técnico, em última análise, permitia que o ator fosse imediatamente reconhecido como a personagem que representa: mecanismo eficaz de "educação" do público, que, como dissemos, era "iniciante" como tal.

Podemos mencionar outras componentes, como a dilatação ou distorção das tensões físicas junto a verdadeiras acrobacias, que também eram herança dos truões: quedas, cambalhotas, saltos mortais, com variações cada vez mais complexas são elementos a mais de um saber teatral cada vez mais codificado.

AS MULHERES ENTRAM EM CENA...

As crônicas dos tempos áureos da *Commedia Italiana* falam de mais um acontecimento importante: o da entrada em cena das mulheres. O teatro fora perseguido pela Igreja durante a Idade Média e tachado de ser lugar de perversão e perdição – tanto que quem pertencia àquele mundo era sepultado em solo desconsagrado – impensável, portanto, que uma mulher pudesse fazer parte daquilo sem ser assimilada às prostitutas. Não é difícil entender o quanto isso tornava difícil a vida

54 O TEATRO NO SÉCULO XVIII

dos *capocomici* daquela época, obrigados que se viam a montar cenas de namoro com um homem no lugar de uma graciosa rapariga. Parece que os primeiros rastros de uma mulher em cena remontam a meados do século XVI.

Entre as mais afortunadas e famosas estava Isabella Andreini. Detenhamo-nos um pouco na figura de Isabella, que, além de ser a "titular" da personagem com esse mesmo nome (quase antonomásia de *Commedia dell'Arte*), será a responsável pela introdução da figura da "primeira atriz"; seguindo e ampliando os rastros da já famosa Vittoria Piissimi, Isabella foi a primeira mulher a levar ao palco o drama pastoral, gênero que se tornará famoso com *Aminta*, de Torquato Tasso, e o *Pastor Fido*, de Giovan Battista Guarini. E criará estrategicamente para si a imagem de diva do novo teatro profissional.

Nascida Isabella Canali (1562-1605), Isabella Andreini era filha de gente humilde de Veneza. Extraordinariamente culta, tinha preparo para compor e improvisar versos. Era noiva de um homem quatorze anos mais velho. Em 1568, quando Isabella tinha apenas seis anos, aquele homem, Francesco Andreini, era soldado da armada naval veneziana, e foi feito escravo pelos turcos (o fato de alguém ser capturado e feito escravo pelos turcos é recorrente nos *canovacci*). Depois de viver oito anos em escravidão, finalmente fugiu, regressando então à sua terra, onde se casou e teve com Isabella (que provavelmente contava à época quatorze anos de idade) o seu primeiro filho: Giovanni Battista Andreini.

Em 1578, somente dois anos depois da fuga do cativeiro, Isabella e seu marido aparecem entre os atores da companhia Gelosi, uma das mais renomadas na história da *Commedia dell'Arte*. Os mesmos Gelosi que, em julho de 1583, em sua viagem para Milão deverão excogitar inúmeros estratagemas para driblar a censura eclesiástica de clima contra-reformista e que, nesse contexto, criarão a "lenda" – que foi legada por muito tempo de uma geração de atores à outra – de um Cardeal Borromeo (que pouco depois seria declarado santo) tão santo, e, de tão santo que era, fora tão sábio que entendera, no meio de tantas censuras e oposições, que os espetáculos da *Commedia dell'Arte* nada tinham de obsceno e que, por isso, não havia porque censurá-los. Segundo a lenda, ele teria liberado seus espetáculos da censura, assinando de próprio cunho a liberação, e assim, ao mesmo tempo, os livrava daquela alcunha de *instrumentum diaboli*, que os inúmeros libelos antiteatrais – que naquele momento floresciam – lhes haviam aposto. Na verdade, a história não é bem essa, e sabemos, documentadamente, que os Gelosi foram astutos o bastante para criarem um impasse político envolvendo Igreja e poder temporal, motivo pelo qual o Cardeal Borromeo teve de "far buon viso a cattivo gioco" e forçosamente assinar a liberação.

Isabella Andreini – gravura

> Ben la fonte serena,
> che fu scena d'amor, veggio, Isabella;
> veggio la luce ardente
> degli occhi, che già, vivi,
> de' teatri festivi
> i chiari lumi abbarbagliâr sovente.
> Ma la língua eloqüente
> non odo articolar d'alta favella:
> fors'ella, fatta a le celesti eguale,
> sdegna orecchio mortale[10].
>
> G. Marino

Mas voltemos aos Andreini. Embora o percurso de sua chegada à *Commedia dell'Arte* seja um tanto quanto estranho, dentro da companhia eles reconstruíram a regularidade de uma família com fama e filhos, reproduzindo o perfil das mais honradas famílias da sociedade civil e burguesa. Esse foi o modo que encontraram para conquistar crédito e se defender; foi ao redor de sua família que se organizou a primeira e meditada ofensiva dos atores para o enaltecimento de sua profissão.

---

10. A fonte serena / outrora cena(rio) de amor, vejo: Isabella / vejo a luz ardente / dos olhos que outrora, vivos, / a iluminação dos teatros em festa / ofuscava, não raro. / Mas a língua expressiva / não ouço pronunciar sublimes falas / talvez ela, agora divina / desdenhe os ouvidos mortais.

Retrato de Francesco Andreini, de seu livro Le Bravure del Capitan Spavento *(Veneza, 1615)*

Com Isabella, pela primeira vez a figura da atriz destaca-se da figura da "meretrix honesta"[11]; era poetisa de valor reconhecido, a ponto de pertencer à Academia Literária de Gli Accesi. Há um relato sobre um sarau na casa do Cardeal Aldobrandini, quando Isabella ganhou o segundo lugar de uma competição poética, superada apenas pelo célebre Torquato Tasso, que também lhe dedicou um soneto.

O casal de atores, Francesco e Isabella, ostentará com muito orgulho – quase se rindo dos censores – o próprio nome, elevando-o a uma dignidade de academia. E, qual fossem uma academia de atores, elaboram o símbolo gráfico (um Jano) e o mote da companhia: *Virtù fama ed onor ne fer Gelosi*[12]. Isabella saberá aproveitar-se de sua fama para inaugurar o novo modelo de mulher-atriz. E usará de toda a sua capacidade para a afirmação do ofício de cômica.

O sucesso de Isabella como atriz foi tão grande que quando morreu, com apenas 42 anos de idade, em 1604, toda população de Lion chorou sua perda: foi sepultada com honras de Estado e foi cunhada uma medalha comemorativa em sua homenagem.

Esse ingresso feminino nos palcos tem um sentido mais profundo do que se poderia supor à primeira vista. A esse respeito, observam Taviani e Schino:

11. Espécie de cortesã cujo ofício, porém, estava mais ligado ao entretenimento dos homens através de literatura, poesia, música e arte do cortejar do que ao sexo em si.
12. Virtude, fama e honra fizeram deles os Gelosi.

ANTECEDENTES DA COMÉDIA SETECENTISTA

Até o advento das mulheres, os documentos falam de comédias exclusivamente bufonescas, baseadas nos zanni bergamascos, nos personagens de patrões venezianos, na tradição das farsas.

[...]

É fácil imaginar que, nesse ramo (o das comédias bufonescas), as atrizes tenham enxertado outro, aquele que caracterizava as virtuoses da conversação e do canto, o ramo em que as tradições da literatura e das artes acadêmicas se reduziam a profissão, para as mulheres educadas na difícil arte das "meretrices honestae". A aliança entre mulheres educadas na cultura acadêmica e grupos de homens educados na cultura cômica e bufonesca era, por assim dizer, uma aliança natural, pois implicava as duas formas – visão masculina e visão feminina – do exercício mercenário da composição literária e da arte do comportamento)[13].

Deduz-se, portanto, que a participação feminina não se resume à presença pioneira das mulheres no palco, como uma espécie de liberalização, uma ratificação do desempenho dos papéis femininos por parte dos homens. Ao contrário, a presença feminina equivale a uma das partes intrínsecas da formação da *Commedia dell'Arte*. Tratase aí da sobreposição de uma arte a outra: ao profissionalismo dos atores, junta-se a arte de um ramo acadêmico, tendente ao clássico, lírico, que, em campo feminino, tinha sofrido um processo de profissionalização e de comercialização análogo ao que havia acontecido, em campo masculino, com a arte do bufonesco e do farsesco.

...E MUDAM TUDO

Com a entrada em cena das mulheres, muita coisa mudará na comédia. Se hoje é ponto pacífico a presença feminina em cena, há que se imaginar a diferença e a surpresa que isso causou a um público acostumado a ver homens representando os papéis das mulheres. Mas a modificação vai além. Com as mulheres, também entra em cena a erudição, a improvisação de tradição acadêmica, improvisação poética e conceitual, cantada ou em rima, em suas componentes cultas e populares. Os *zanni* perderão um pouco de terreno, conquistado pela comédia, agora mais sutilmente erótica com a presença das atrizes da Arte.

Sabemos que não só de erudição se valiam as comediantes, algumas delas eram sábias em utilizar os expedientes de provocação erótica para conquistar o favor do público. A famosa Vittoria Piissimi – relembrada por Scala, na Jornada XXXIX, na personagem Vitória, atriz –, que ainda fazia parte daquele contexto histórico em que as primeiras mulheres subiram no palco como "honestae meretrices", foi uma grande rival de Isabella Andreini, que, porém, ao chegar à companhia, acabou modificando radicalmente os papéis femininos e a improvisação no palco, dando grande destaque à erudição e aos papéis dos namorados. Como afirma Ferdinando Taviani:

13. F. Taviani; M. Schino, op. cit., p. 338. Tradução nossa.

58   O TEATRO NO SÉCULO XVIII

A face feminina da *Commedia dell'Arte*, hoje a mais esquecida, muito provavelmente representa o fator determinante daquele processo pelo qual o tipo de teatro que as comédias italianas do final do século XVI exprimiam é lembrado ainda hoje como um gênero à parte, quase como um arquétipo de teatro[14].

MÁSCARAS

Como observamos, o nome do ator, em certos casos, se confundirá com o de sua máscara. Por vezes, como no caso de Isabella Andreini, a personagem que ela encarna, a "máscara" que ela cria, toma o nome de batismo da atriz, da mulher, Isabella. Noutras vezes, será o nome da máscara a provocar o desaparecimento do nome do ator: quando Francesco Andreini chega a Paris, dirão: "Chegou o Capitão Spavento"; por ocasião da morte de Domenico Biancolelli, na terra de França correrá a notícia: "Arlequim morreu".

As máscaras e as personagens da *Commedia dell'Arte* representam e satirizam as principais componentes da sociedade italiana da época, e os diversos dialetos ou falas com expressões dialetais refletem essa "atualidade" que há de ter sido central para o efeito cômico junto ao público. As máscaras reproduziam as características que os italianos atribuíam a cada região do país: o mercador da República de Veneza, o carregador de Bérgamo, o pedante de Bolonha, o apaixonado toscano, o capitão espanhol ou italiano, ou napolitano. Desse modo, a representação da *Commedia dell'Arte* fornece um quadro das classes e das regiões italianas.

As Máscaras Principais

Pantalone era a figura mais constante das comédias, dentro do eixo principal das máscaras, constituído pelos dois velhos (ele e o doutor) e os dois *zanni* (criados). Pantalone é de Veneza, e usa aquele dialeto; seu nome também é tipicamente veneziano. É mercador rico. Em geral homem de prestígio, de início era chamado de "Magnífico", título que contrasta com o outro sobrenome que acabou se consagrando: "dei Bisognosi" (dos necessitados: como não ver aí a ironia?). Pantalone é o representante da burguesia. De início é um homem de muita habilidade mercantil, com certa tendência a acumular, mas quase sempre está tolamente apaixonado. Durante o século XVII e XVIII se torna brusco, sovina, um pai de família avesso a consagrar o amor dos jovens. Apesar de sua habilidade nos negócios, não raro banca o apaixonado ridículo, que sempre acaba sendo zombado; também se torna mais atrevido, em modos e fala, e muito resmungão. Sua figura é toda angulosa – nariz adunco, barba pontuda, sapatos com ponta levantada. Mas nem por isso devemos pensar que não fosse ágil, ao contrário, estava o tempo todo saltitando e cantando em ritmo frenético junto com o zanni sempre a

14. Idem, p. 339.

seu lado, ágil, portanto, mas um tanto atrapalhado, provocando assim o riso dos espectadores e das outras personagens.

O Doutor, em geral jurista, mais raramente médico, era o personagem que, extremamente verborrágico, utilizava as palavras numa seqüência, que hoje chamaríamos de besteirol, sem o menor sentido, de forma empolada e empoleirada, repleta de erudição e pedantismo. Usa a toga preta do escritório de advocacia de Bolonha. O doutor sustenta sua comicidade também no dialeto bolonhês (lembremos que a Universidade de Bologna é a mais antiga da Europa). Ficará conhecido como Balanzone. Também sua caricatura estava bem ancorada à realidade daqueles tempos: essa máscara surge de uma intenção satírica, como de uma vontade de aliviar o peso do humanismo em suas expressões mais reacionárias e antiquadas. Nos formulários utilizados pelos atores que representavam o Doutor, os pesquisadores encontraram patentes paródias de obras eruditas daquela época. A sátira, no entanto, vai-se perdendo, com o tempo, na paródia bufonesca, como parecem comprovar os opúsculos, os repertórios, e as cenas burlescas desse papel.

Pantalone apaixonado. Recueil Fossard.[15]

15. A coletânea chamada *Fossard* é um in-fólio compilado por certo M. Fossard, do qual só sabemos que foi músico na época de Luís XIV e que morreu em 1702. O "recueil" é composto por cenas de *Commedia dell'Arte* com legendas em francês e

Doutor no período barroco

Capitão do século XVI – gravura

ANTECEDENTES DA COMÉDIA SETECENTISTA

O Capitão terá diversas variantes: Capitão Spaventa della Valliferna, Rodomonte, Matamoros, Spezzaferro, só para mencionar alguns de seus nomes (como, aliás, todas as outras personagens e máscaras). Seu figurino também variava, mas suas fanfarronices e suas atitudes militarizadas eram uma constante. O Capitão vive desafiando os outros a duelo e se fazendo de valente, mas na hora do vamos ver, foge. Parece ter alguma verossimilhança a afirmação de d'Amico:

> Em seu tom grotesco, essa máscara confessava o descontentamento italiano com a magniloqüência presunçosa dos dominadores espanhóis. Sua linguagem era o "espanholesco", ou um italiano repleto de espanholismos macarrônicos: exceção feita àqueles lugares em que a censura dos conquistadores não o permitia[16].

Um dos capitães mais famosos será o "Capitan Spavento della Valle Inferna", criação de Francesco Andreini, que prefacia com um poema e um texto a primeira edição impressa dos *canovacci* do Scala, o primeiro compêndio de *canovacci* publicado na época, e o mais completo, o *Teatro delle Favole Rappresentative*.

A origem do *Zanni* (nome genérico dos criados) é controvertida. A hipótese mais provável é a que o faz derivar diretamente do prenome dos criados, sempre Zan, Zani, Zuan, Zuani, Zuane, ou Zanni, que são a transformação dialetal do norte da Itália para Giovanni, Gianni ou Gian: Gian Cappella, Zan Gurgolo etc.

Essa máscara também está ancorada à realidade daqueles tempos, e há uma suposta origem social e cultural para os criados serem de Bérgamo: a pobreza e a falta de trabalho levavam os montaneses daqueles arredores a descer para as cidades em busca de fortuna. Ali se adaptavam aos trabalhos mais pesados e cansativos, como os de carregador em geral, ou de "carregador de cestas", nos mercados. Parece que eles haviam conseguido monopolizar os trabalhos de carregador nos portos de Genova e Veneza. A população das cidades, vendo seu trabalho ameaçado pela presença dos "forasteiros" reagiu com hostilidade e zombaria, comportamento que teria se refletido em composições e representações. Aos poucos à sátira segue a diversão, a complacência, a fabulação. O passo de carregador a criado é breve. E seu dialeto, ou melhor, uma estranha imitação deste por parte de bolonheses e venezianos, torna-se motivo cômico.

Pulcinella é o *zanni* napolitano e talvez seja a máscara de maior sucesso depois de Arlequim. O *zanni*, ao contrário do que se afirmou no passado, pouco tem a ver com o escravo plautino ou o criado da

---

por alguns retratos de personagens. A coletânea tem 79 pranchas, algumas das quais de origem italiana, cortadas e coladas nas páginas do livro. Essa obra pertence hoje ao acervo do Museu de Estocolmo, mas a série, à época recém-descoberta, foi reproduzida por Duchartre em seu famoso *La comédie italienne*, Paris: Librarie de France, 1925.

16. S. d'Amico, op. cit., p. 68.

Zanni e Arlequim, da Recueil Fossard.

comédia erudita. Sempre havia dois *zanni* em cena. Supõe-se que de início sempre usassem roupas brancas (os tecidos rústicos, não tingidos, e por isso mais baratos, eram dessa cor). Brighella, o criado esperto e primeiro *zanni*, tem roupa branca com galões verdes. Arlequim, o criado bobo, é o segundo *zanni*: desmiolado, de uma sensualidade infantil, que amiúde se resolve por inteiro na gula, é desbocado, preguiçoso, zombado e espancado.

A roupa branca do pobre Arlequim, de tanto ser consertada com remendos de cores diferentes, cada vez mais numerosos, acabou desaparecendo debaixo dos remendos, que foram sendo dispostos em combinações simétricas, em quadrados, trapézios e losangos; aos poucos não somente a gestualidade, mas os figurinos também vão se amaneirando.

As linhas gerais eram essas, mas isso não significa que fosse obrigatório os dois criados manterem esse esquema binário do esperto e do bobalhão; por vezes suas características se inverteram, e muitas vezes se fundiram, resultando numa mistura de vagabundagem e esperteza, num único papel de zombeteiro e zombado de uma só vez. A lista dos *zanni* é enorme, assim como a de seus ecos. Para citar um exemplo, é de Pedrolino, ou de seu nome, que surgiriam o Pierrot francês e o Petrushka russo.

Arlequim, Francisquinha e Pantalone – Recueil Fossard.

A Zagna surge logo ao lado do *zanni*, como sua versão feminina. Franceschina, a primeira delas, era interpretada por um homem, Battista Amorevoli da Treviso. Já na companhia dos Gelosi, o papel de Franceschina é de Silvia Roncagli. Como podemos notar pelos textos de Scala, Francisquinha aparece como mulher do estalajadeiro, ou mulher do *zanni*, e não raro se disfarça nos mais variados tipos. Em 1614, na companhia dos Confidenti, será mais uma vez um homem a representar esse papel. Enfim, a situação é variada. Geralmente falavam em toscano, e terão diversos nomes: Smeraldina, Pasquetta, Turchetta, Ricciolina, Diamantina, Corallina, Colombina. Nenhuma delas usa máscara.

Os Namorados: diante do fascínio imediato exercido pelas máscaras, é difícil imaginar qual teria sido o grande atrativo dos papéis dos namorados que, ao introduzir o elemento "real" em meio às máscaras, nos parece quase inexpressivo. É preciso notar, no entanto, que os escritos da época testemunham que o maior sucesso, junto ao público, era justamente daquelas atrizes – Vincenza Armani, Vittoria Piissimi, Isabella Andreini – que interpretavam as namoradas. A esse propósito, diz Pandolfi:

> É parte de toda tradição literária italiana [...] o desejo de dar ao sentimento de amor uma roupagem conceitual, de descrevê-lo mediante uma dialética de expressões

64 O TEATRO NO SÉCULO XVIII

metafísicas que, raramente mas com eficácia, são cotejadas por uma rude e violenta pornografia. [...] Assim, dentro da mesma comédia, temos os "conceitos" dos namorados, e as expressões humoristicamente libidinosas dos velhos e dos criados[17].

Conclui Pandolfi dizendo que a representação, o modo de atuação, está inexoravelmente ligado à época em que se produz. Sem dúvida, mas esse contraponto entre a representação estilizada e cômica das máscaras, seu lado irônico e meio diabólico (ao menos em origem), e as personagens "realistas", mesmo que ligeiramente caricaturais, parece ser um dos pontos fortes da *Commedia dell'Arte*.

NASCEM AS COMPANHIAS

Com a *Commedia dell'Arte*, dissemos, se afirma a profissão de ator. Foi durante a difusão do fenômeno de que falamos que se constituíram as primeiras companhias de cômicos que fizeram da arte de representar uma profissão com a qual se sustentar.

Os anos da formação das companhias são justamente os que mais carecem de documentação, provavelmente porque ainda lhes faltava aquele prestígio que mais tarde os faria figurar nos noticiários.

No entanto, são inúmeros os registros posteriores, a partir de meados do século XVI. São registros históricos, contratos lavrados em cartório, cartas, relatos, nos quais notamos atores e companhias já desfrutando de sucesso junto ao público e se apresentando também em outros países da Europa. Mediante a leitura dessa documentação podemos acompanhar o gradual moldar-se das companhias e de seus mecanismos de atuação profissional. Identificamos a presença concomitante de pessoas com aptidões cênicas diferentes e variadas, às vezes somadas numa mesma pessoa: atores, músicos, bailarinos, bufões, charlatões, amadores, pessoas que, de diversos modos, se ocupavam de atividades culturais. Percebemos o surgimento da figura fundamental do "capocomico" – como dissemos, uma espécie de precursor do diretor teatral, cujas funções os documentos explicitam: na maioria das vezes era o responsável pelo arcabouço dramatúrgico, mas também a distribuição dos papéis e a própria disciplina da companhia integravam suas atribuições (em última instância, sua voz era a que falava mais alto e os atores lhe deviam obediência).

O documento da formação da companhia de atores de Maphio chamado Zanin data de três anos depois da morte de um dos predecessores da *Commedia dell'Arte*, Angelo Beolco, mais conhecido como Ruzzante, e é o ano da abertura do Concílio de Trento.

Acompanhamos o surgimento daqueles mecanismos teatrais – quer de atuação, quer de regulamentação da companhia (inclusive em termos econômicos e assistencialistas) – que seriam essenciais ao

17. V. Pandolfi, *La Commedia dell'Arte*: storia e testo, v. 2, p. 36 (trad. nossa).

ANTECEDENTES DA COMÉDIA SETECENTISTA

desenvolvimento das companhias. E registramos, ainda, a gradual afirmação das máscaras fixas e a formação, em número de atores e personagens, das primeiras companhias, já sugerindo a formação típica da Companhia de Arte dos anos seguintes, que alcançaria um máximo de dez a doze pessoas: dois ou quatro namorados, dois velhos, dois *zanni* ou criados. A companhia dos Gelosi, a mais famosa do século XVI, era composta por dez atores.

Com as companhias dos "cômicos da improvisação" surge a disciplina do espetáculo: eu, ator, regulo o meu trabalho; você, espectador, assiste. Simples. Aparentemente. E, no entanto, esse aspecto basilar foi surgindo da Arte, do exercício da profissão desses atores.

A INOVAÇÃO DOS TRÊS ATOS

A Comédia Italiana rompe com o cânone aristotélico de cinco atos obrigatórios; com eles o espetáculo passará a ter três. Essa há de ter sido a melhor solução que a práxis dos espetáculos lhes ditou.

No século XVIII, os três atos serão característica praticamente exclusiva da comédia regular. Assim como essa divisão do espetáculo surge a partir da experiência dos atores, e só mais tarde será concebida por seus responsáveis como recusa consciente das poéticas doutas, da mesma forma o novo ritmo do espetáculo surge em cena e não no escritório do literato, de modo que o abandono dos cinco atos canônicos pode ser implicitamente motivado pela polêmica aristotélica da qual encontramos rastros no pensamento de Scala.

Ligada a um gosto e sensibilidade orientados para os modelos clássicos, a antiga divisão, com efeito, não tinha razão de ser para o novo gosto, concebido para satisfazer as exigências de um público sedento de "ações aparentes" e do frenesi da ação. Enfim, se recordarmos as preocupações dos cômicos com aquele "povo", tão desdenhado pelos literatos, é fácil compreender os motivos que os levam a substituir o ritmo composto dos cinco atos por uma divisão mais nervosa e essencial, para corresponder na medida ideal à nova poética do gesto.

A nova repartição da matéria, mais elementar, corresponde ao novo ritmo expressivo: o primeiro ato será o momento precursor do evento; o segundo ato marca o ápice emotivo da aventura, abrigando os desdobramentos que influenciam a situação inicial e perturbam sua estaticidade; o terceiro ato leva à feliz resolução da trama, não sem antes, amiúde, tê-la complicado com mais obstáculos – mas tornando-a mais animada, porque cada ato, ao realizar a função designada, torna-se o lugar ideal das mais disparatadas variações do tema essencial e, sobretudo, persegue essas variações com um ritmo cada vez mais acelerado, com um crescendo que culmina – isso acontece em diversos *canovacci* – em frenético balé, em doida e animada seqüência de gestos. O gesto é a cláusula peculiar de cada momento do ritmo expressivo dos cenários.

E FINALMENTE...

Mais tarde, os comediantes também lançariam mão, em seus espetáculos, dos truques mecânicos e das potencialidades "espantosas" da nova cenografia, para proporcionar ao público "surpresas espetaculares", quando, por exemplo, uma mesa posta de repente voava pelos ares deixando todos boquiabertos.

Aos poucos a necessidade de o espetáculo ser pago, e de escapar dos inúmeros perigos de representar-se em plena rua, farão surgir a sala teatral: isso acontece durante a vida da *Commedia dell'Arte*. Assim como acontece uma transformação radical, ligada sempre à profissão, mas que será outro elemento fundamental do nosso teatro moderno: a figura do antigo mecenas vai se tornar, com a *Commedia dell'Arte*, um verdadeiro empresário teatral. Caso emblemático, um por todos, estudado exaustivamente por Siro Ferrone, é o de Dom Giovanni de' Medici.

Estão aí lançadas as bases de nosso teatro, do teatro assim como o concebemos hoje. Se Goldoni ou Molière, logo em seguida, levam a cabo suas reformas, "saneando" o que, em sua visão, estava "corrompido" – e, na verdade, o gênero parecia mesmo ter se esgotado –, eles o fizeram num contexto profissional que só existiu graças às conquistas dos velhos comediantes com os quais eles, agora, contrastavam.

REFERÊNCIAS BIBLIOGRÁFICAS

ARETINO, Pietro. *I Ragionamenti*. Milano: Orsa Maggiore, 1991. (Escritos originariamente entre 1534 e 1536)

COCCO, Ester. Una compagnia comica nella prima metà del secolo XVI. In: TAVIANI, Ferdinando; SCHINO, Mirella. *Il segreto della Commedia dell'Arte*: la memoria delle compagnie italiane del XVI, XVII e XVIII secolo. Firenze: La casa Usher, 1992.

D'AMICO, Silvio. *Storia del teatro drammatico*. Milano: Garzanti, 1958, v. 2.

MAROTTI, Ferruccio; ROMEI, Giovanna. *La commedia dell'arte nella società barocca*: la professione del teatro. Roma: Bulzoni, 1980.

PANDOLFI, Vito *La Commedia dell'Arte*: storia e testo. Firenze: Le Lettere, 1988. Reimpressão anastática da edição de 1955, publicada pela "Edizioni Sansoni Antiquariato", 6 v.

SCALA, Flaminio *Il Teatro delle Favole Rappresentative*, Venezia, 1611. Ed. Bras. *A Loucura de Isabella e Outras Comédias da* Commedia dell'Arte. Organização, tradução e notas de Roberta Barni. São Paulo: Fapesp/Iluminuras, 2003.

TAVIANI, Ferdinando; SCHINO, Mirrela. *Il segreto della Commedia dell'Arte*: La memoria delle compagnie italiane del XVI, XVII e XVIII secolo. Firenze: La casa Usher, 1992.

TESSARI, Roberto. *La Commedia dell'arte*: la maschera e l'ombra. Milano: Mursia, 1984.

A reverência de Arlequim. *Gravura de Claude Gillot (1673-1722), parte da coletânea* Os Humores de Arlequim.

BIBLIOGRAFIA CONSULTADA

BARBIERI, Nicolò. (1634) *La supplica. Discorso famigliare a quelli che trattano de' comici*. Milano: Il Polifilo, 1976.
BARNI, Roberta. Introdução. In: SCALA, Flaminio, *A Loucura de Isabella e Outras Comédias da* Commedia dell'Arte. Org., trad. e notas de Roberta Barni. São Paulo: Fapesp/Iluminuras, 2003.
CECCHINI, P. M. Frutti delle moderne commedie et avisi a chi li recita. In: PANDOLFI, V. *La Commedia dell'arte*: storia e testo. Firenze: Le Lettere, 1988, v. 4.
FERRONE, Siro *Attori mercanti corsari*. La Commedia dell'Arte in Europa tra Cinque e Seicento. Torino: Einaudi, 1993.
NICOLL, Allardyce *Il mondo di Arlecchino*. Milano: Bompiani, 1980.
PERRUCCI, Andrea (1699). *Dell'arte rappresentativa premeditata e all'improvviso*. Firenze: Sansoni, 1961.
SCALA, Flaminio (1611). Il teatro delle favole rappresentative. marotti, Ferruccio (org.). Milano: Il Polifilo, 1979.

Grandes Autores do Teatro Francês do Setecentos

*Guacira Marcondes Machado Leite**

Embora o século XVIII, na França, tenha se mostrado apaixonado pelo teatro, apenas dois autores, daqueles que o cultivaram, escreveram peças que são lembradas ainda hoje: Marivaux e Beaumarchais. As inúmeras produções, que agradaram a um público sempre presente nos espetáculos, não revelaram a mesma qualidade encontrada nas obras de Corneille, Racine e Molière e, terminado o século, não despertaram mais o mesmo interesse que conseguiram em sua época.

O século de Luís XIV foi verdadeiramente o século do teatro. É a partir de 1625 que ele se desenvolve, graças a uma nova geração de escritores que emprega uma linguagem moderna e poética. Um teatro que, apesar das condições técnicas limitadas, apresentou grande movimento cênico e representou ações violentas no palco. As primeiras peças de Corneille (1606-1684) foram o resultado da fusão, bem sucedida, de vários gêneros dramáticos: pastoral, comédia, tragicomédia, tragédia; elas têm uma estrutura que varia, e que transcende esses diferentes gêneros, baseando-se na pintura de amores contrariados, e nada devendo à comédia humanista ou à *Commedia dell'Arte*. Esse teatro distingue-se daquele feito na segunda metade do século XVII, e que será chamado de clássico, pelos franceses.

Para alguns críticos, Corneille é clássico pelo progresso que realizou sua linguagem literária de uma etapa à outra de sua obra, pela

---

* Departamento de Letras Modernas, Faculdade de Ciências e Letras, Unesp, Araraquara, SP, Brasil.

consciência de um ideal que deve ser alcançado e pela vontade que move suas personagens. Guarda, porém, traços barrocos nas formas e imagens que utiliza; na dificuldade, por ele confessada, de submeter sua inspiração a princípios e regras; na sua preferência pelo romanesco, em detrimento do conjunto daqueles princípios e regras da doutrina clássica que foi elaborado por escritores e teóricos da época. O período clássico é o da reação do gênio, do temperamento francês no sentido da disciplina, da ordem e da regularidade.

A tragédia clássica, de que Jean Racine (1639-1699) será o mais elevado exemplo, vai marcar o triunfo da emoção trágica, do trágico puro, destituído do elemento romanesco e do dramático.

O outro grande nome desse século XVII foi o de Jean Baptiste Poquelin, chamado Molière (1622-1673), que terá expressiva continuidade no século seguinte e será sempre uma referência para a posteridade. Enquanto Racine e mesmo Corneille, com suas tragédias, se colocam dentro de uma literatura de cunho aristocrático, Molière insere-se, sem dúvida, dentro de uma literatura burguesa, pela sua própria função, em nome, já, de uma razão crítica, de uma vontade desmistificadora e criteriosa, de uma preocupação maior com o realismo.

Nos anos 70 daquele século, inicia-se a disputa entre os escritores franceses que ficará conhecida como a "Querela dos Antigos e dos Modernos". Para os Modernos, diante do fato de que o gênio humano progride incessantemente, estava assegurada sua supremacia, pois representariam a maturidade do espírito, enquanto os Antigos representariam a tradição, ou seja, a infância do espírito. Essa querela acentuou a noção de progresso do espírito humano e, sobretudo, a idéia de que as tradições literárias devem submeter-se a um exame desse espírito crítico. Assim, o século XVIII vai ser beneficiado por essas duas posições. Surgem novos gêneros e a tragédia vai perder sua supremacia, apesar dos esforços de Voltaire (1694-1778) que, com algumas inovações, tentou prolongar sua existência. Na verdade, passados tantos anos, as inumeráveis modificações que sofreu apenas colaboraram para torná-la uma forma sem vida, desnaturada.

Os novos gêneros teatrais que vão marcar o século XVIII são, sobretudo, a comédia psicológica de Marivaux (1688-1763), antes de 1750, o drama de Diderot (1713-1784) e a comédia satírica de Beaumarchais (1732-1799) na segunda metade do século. Na verdade, embora Voltaire, Rousseau (1712-1778) e Diderot tenham feito incursões pelo teatro, os seus grandes autores foram realmente Marivaux e Beaumarchais que, sem se assemelharem realmente, se destacaram na comédia.

Como os demais autores de comédia do século, Marivaux inspirou-se no teatro de Molière e, embora tenha sido também autor de romances, ele se destaca como o mais original no gênero teatral depois de Molière. Os autores cômicos de então seguiram este último

GRANDES AUTORES DO TEATRO FRANCÊS DO SETECENTOS

e inspiraram-se continuamente em sua obra, embora nenhum deles tenha herdado a sua versatilidade ao compor farsas, comédias de intriga, de costumes, de caracteres. Isso não impediu, no entanto, que novas tendências se manifestassem, caracterizadas, justamente, pela perda do gosto do grande riso molieresco. A comédia toma, então, o caminho seja de uma sátira virulenta, seja de um bom entretenimento, seja ainda, como em Marivaux, de uma delicada pintura, levemente irônica, do amor. Esta, aliás, torna-se a marca de sua originalidade, pois, ao renunciar ao grande riso, Marivaux escolhe o sorriso divertido e cúmplice diante da comédia do amor, da análise minuciosa dos sentimentos.

Pierre Carlet de Chamblain de Marivaux (1688-1763) escreveu inicialmente algumas paródias destinadas a defender a causa dos modernos: *L'Iliade travestie* (Ilíada Travestida), *Télémaque travesti* (Telêmaco Travestido) (1714). Desde esse momento, o autor mostra aquilo que lhe interessa: o irreal, a aventura, mas, também, os problemas sociais. Em seu teatro, ele reage incessantemente à sociedade em que vive para fixar a realidade do momento. É possível dizer-se que deu um novo significado ao Arlequim ingênuo (cf. *Arlequin poli par l'amour),* aos valetes cheios de esperteza, às criadas finas e intuitivas. Substituiu a oposição amo/valete pela oposição homens/mulheres, a mesma que as conversações mundanas e literárias punham em cena. A língua que usam seus apaixonados é a mesma dos salões e seu teatro mostra, de maneira delicada, o jogo da alta sociedade do século XVIII. Leitor e admirador de Corneille, Marivaux construiu uma obra nova que lembra as primeiras comédias cornelianas: seu teatro situa-se entre o real e o imaginário para estudar o sentimento e o amor.

A linguagem, o refinamento nos sentimentos e na expressão, que distinguem seu teatro, fazem com que empregue um estilo precioso, sem excesso, para melhor traduzir a verdade psicológica – eis como definir o termo *marivaudage*, que seus contemporâneos criaram para ele. Em suas peças, é o diálogo, a palavra que fazem avançar a ação, freqüentemente de maneira inesperada. E as personagens fazem seu jogo para descobrir seus sentimentos, como se pode ver em *La Double inconstance* (A Dupla Inconstância) (1723) e em *Surprise de l'amour* (Surpresa do Amor) (1728), que lhe deram grande reputação.

O ano de 1724 marca uma grande ruptura em sua produção teatral. Marivaux passa a utilizar o disfarce como uma forma de jogo, para reagir a certa visão da sociedade e mostrar sua confiança nas aptidões dos seres humanos. Com alegre agressividade, sua comédia toma três direções, nessa época, que correspondem a três maneiras de ver a sociedade com originalidade. Assim, em peças como *La Fausse suivante* (A Falsa Criada] ou *L'Héritier de village* (O Herdeiro da Vila), a sociedade aparece como uma mascarada universal, um teatro de sombras, de mentiras, de afirmações precárias, mas que desfruta

O TEATRO NO SÉCULO XVIII

de estabilidade, de ordem, de hierarquia, regida por regras rígidas e que pretende ser imutável. Em peças como *Le jeu de l'Amour et du Hasard* (O jogo do Amor e do Acaso), de maneira sutil, Marivaux mostra essa sociedade como um meio que constrange, modela e condiciona todos os indivíduos. Por meio de surpresas, brincadeiras, ele apresenta "jogos de verdade", isto é, confrontações reveladoras, "jogos de ilusão" e "peças de surpresa", que correspondem a diferentes estéticas dramáticas, nas quais se arrisca a agir sobre os homens, garantindo a seus heróis momentos de triunfo, luminosos.

Marivaux mostra um desejo forte de renovar o teatro e, para isso, conta com seus atores e com a linguagem que, nele, tem função propriamente poética, pois em uma palavra, um suspiro, um silêncio, pode aflorar todo um mundo interior, o qual tem, mesmo, uma importância muito grande nessa comédia em que tudo é linguagem, em que os gestos, as cenas e situações correspondem a um rito social. De forma que suas pequenas peças são espécies de variações maliciosas sobre o poder da linguagem. Para os críticos, pode-se encontrar nelas todo um humanismo de fundo, e desfrutar o espírito lúdico que o anima, sem duvidar da unidade de visão de mundo do autor, de sua filosofia, que transparece nas mais de trinta peças que escreveu.

Antes de tratar do teatro de Beaumarchais, outro grande nome da comédia encontrado na segunda metade do século, é preciso passar por Denis Diderot e pelo drama. Este é um gênero novo, intermediário entre a tragédia – pelo tom e pela gravidade das desgraças que recaem sobre os heróis, cuja vida é ameaçada por sérios perigos – e a comédia – pela pintura realista dos costumes da burguesia. O objetivo do drama é, ainda, como no teatro clássico, emocionar e edificar o espectador, imitando fielmente a realidade em que ele vive. Diderot, como outros filósofos de seu tempo, critica o teatro do século XVIII, que obedece, ainda, às regras do teatro clássico francês, e apela para os grandes espetáculos da Antiguidade, lembrando sua simplicidade capaz de criar ilusão, para opor-se ao convencionalismo codificado nas poéticas. Critica as intrigas sobrecarregadas e os desenlaces que não aparecem como decorrências necessárias do desenvolvimento, bem como o desempenho dos atores e o espetáculo em geral, tidos por ele como estranhos e extravagantes. Para ele, esse teatro sofre de falta de verossimilhança, não conseguindo infundir uma ilusão duradoura no espectador. Assim, aponta a verossimilhança como o princípio fundamental da arte dramática, concebendo-a como aquilo que se parece com o verdadeiro, provocando em nós uma impressão que é o grande segredo da arte em geral[1].

---

1. L. F. F. de Matos, Apresentação, em D. Diderot, *Discurso Sobre a Poesia Dramática*, p. 13 e 15.

GRANDES AUTORES DO TEATRO FRANCÊS DO SETECENTOS

Diderot dá as coordenadas do gênero em um pequeno tratado teórico, o *Discurso sobre a Poesia Dramática,* que aparece publicado juntamente com sua primeira peça de teatro, *Le Père de famille* (*O Pai de Família*) em 1758. Diz ele, no tratado, que o poeta dramático deverá ser o filósofo "que tenha mergulhado em si mesmo, vendo desse modo a natureza humana, que se instrua profundamente sobre os estados em que se divide a sociedade, conhecendo-lhes bem as funções e o peso, os inconvenientes e as vantagens"[2]. E o drama será uma tragédia doméstica e burguesa, opondo-se à tragédia heróica, do teatro clássico, que trata de reis e príncipes[3]. Em outro texto teórico, ou manifesto, *Conversações sobre o Filho Natural,* de 1757, Diderot dará os argumentos possíveis para o drama:

uma inversão do destino, o medo da ignomínia, as conseqüências da miséria, uma paixão que conduz o homem a sua ruína, de sua ruína ao desespero, do desespero a uma morte violenta não são acontecimentos raros; e acreditais que eles não nos afetariam tanto quanto a morte fabulosa de um tirano, ou o sacrifício de uma criança nos altares de Atenas ou de Roma?[4]

O teatro apresentará, portanto, acontecimentos dramáticos da vida cotidiana de uma família burguesa, seus costumes, suas idéias, suas virtudes. Enquanto a comédia clássica pintava caracteres, o drama tinha por objetivo pintar as condições, seus deveres, suas vantagens, suas dificuldades. É preciso representar "o homem de letras, o filósofo, o comerciante, o juiz, o advogado, o político, o cidadão, o magistrado, o financista, o grande senhor, o intendente" e, também, "todas as relações: o pai de família, o marido, a irmã, os irmãos", diz ele nas *Conversações*[5]. Os títulos dos dramas são bem significativos: *O Filho Natural, O Pai de Família,* de Diderot, *Le négociant de Lyon* (O Negociante de Lyon)*, La mère coupable* (A Mãe Culpada) de Beaumarchais.

Nessa breve exposição sobre o drama, é preciso lembrar a grande quantidade de sentenças morais, edificantes, e quadros sensíveis que valorizam as virtudes e costumes burgueses em detrimento da aristocracia, que se torna, então, o objeto do ridículo no teatro. Este foi um elemento que contribuiu para desacreditá-lo posteriormente. Em nome da razão, da natureza, da novidade, do sentimento, o drama, em sintonia com o espírito do século, critica a desigualdade social, a intolerância, os abusos mais diversos. Quanto à forma, Diderot estabelece algumas mudanças em relação ao teatro clássico francês. Embora admita a regra das três unidades, quer mais liberdade para

2. D. Diderot, op. cit., p. 38.
3. Idem, p. 44.
4. Apud, André Lagarde e Laurent Michard, *XVIIIe. siècle*, p. 228.
5. Idem, ibidem.

o espaço na peça. Atenta para que o drama tenha um tom uniforme, nem cômico nem trágico. Embora ele prefira os quadros patéticos, em família, o drama vai ter grandes lances teatrais que preparam o melodrama romântico. No entanto, o cenário torna-se realista e o autor indica traje, comportamento, gestos das personagens. Finalmente, a prosa, que substitui o verso por ser mais natural e verdadeira, torna-se intensa de emoção, para traduzir os mais profundos sentimentos, com o auxílio da pantomima e da improvisação, até, dos atores.

Esse teatro não produziu nenhuma grande obra. E embora muitos de seus elementos tenham sido utilizados no século XIX, e mesmo muitas de suas idéias retomadas por diretores no século XX, o drama criado por Diderot fracasssou.

O mesmo espírito filosófico, que se encontra no drama de Diderot, aparece no teatro de Pierre-Augustin-Caron de Beaumarchais, cuja vida, plena de lances romanescos, fornece, até certo ponto, a matéria de suas peças. Adepto do drama burguês que Diderot pôs em moda, ele cria um certo número deles nos quais exprime seu gosto pela aventura, pela novidade, com bastante sensibilidade. Vê no drama a maneira ao alcance da burguesia de protestar literariamente contra a aristocracia. Em um texto teórico, *Ensaio sobre o Gênero Dramático Sério,* ele desenvolve uma poética desse gênero na qual, fazendo eco a Corneille, afirma "que é hora de interessar um povo e de fazer correr suas lágrimas por um acontecimento que, considerado verdadeiro, e tendo passado aos olhos dos seus cidadãos, não deixaria nunca de produzir efeito sobre ele"[6]. Beaumarchais fala, ainda, nesse mesmo texto, da necessidade que tem o teatro de seu tempo de livrar-se das regras do teatro clássico, de afastar-se da tragédia, que é imoral, porque se submete à fatalidade. Para ele, como para Diderot, é a virtude perseguida, mas gloriosa, que comove. Superior a Diderot, seus grandes dramas, *Eugénie* (1767) e *A Mãe Culpada* (1792), este último uma seqüência sem a vida e a naturalidade de *Le Barbier de Séville* (*Barbeiro de Sevilha*) e de *Le mariage de Figaro* (*O Casamento de Fígaro*), foram traduzidos em várias línguas e representados nos palcos europeus. Como os de Diderot, no entanto, revelam-se desinteressantes em nossos dias pelo excesso de estilo declamatório.

É pelas suas comédias que Beaumarchais sobreviveu à sua época. Ele pertence àquela tradição dos antigos espetáculos teatrais das feiras populares, de uma alegria espontânea e grosseira, sem refinamento, que se espalhou pelo século XVIII, misturada a certo tom leve e licencioso da época. É com esse espetáculo de feira que Beaumarchais aprende o movimento cênico e o cômico de palavras. Beaumarchais preservará as formas daquele teatro livre pela caricatura, pelos diálogos vivos, pela fantasia da ação em peças como *O Barbeiro de Sevilha* em 1775 e *O*

---

6. Apud, L. Forestier, *Panorama du XVIII s. Français*, p. 186.

GRANDES AUTORES DO TEATRO FRANCÊS DO SETECENTOS

Casamento de Fígaro em 1784. Essa comédia contém todo o palavrório e a zombaria contínua, tão caros à sociedade do século XVIII, as histórias cheias de complicações, com adivinhações, disfarces, reconhecimentos, muita inverossimilhança e, também, o desprezo pelas conveniências clássicas, a par de um espírito crítico voltado para os costumes e as instituições. É, sobretudo, por meio das conversas, em que as réplicas são aceleradas, que Fígaro, por exemplo, descreve seus dissabores com muito espírito, com frases que buscam exprimir algo que pareça um pensamento, como ele próprio diz: "Je voudrais finir par quelque chose de beau, de brillant, de scintillant, qui eût l`air d`une pensée" (Gostaria de terminar por uma coisa bela, brilhante, cintilante, que tivesse a aparência de um pensamento)[7]. Essas réplicas, em geral bem construídas, buscam antes efeito de estilo, de retórica do que verdadeiras reivindicações sociais. Na verdade, é em sua própria vida que Beaumarchais se inspira ao utilizar essa tradição marginal para criar, entre o real e a ficção, um teatro original para o seu próprio prazer. De fato, seus alvos visam sempre os obstáculos que o perseguiram em suas andanças de arrivista, e ele próprio nunca acreditou que suas peças tivessem o caráter subversivo que lhes foi atribuído mais tarde. E é bom lembrar que o sucesso de suas comédias foi consolidado quando foram utilizadas por Paisiello (1782) e por Rossini (1816), entre outros, na cena lírica.

Para concluir essa visada rápida das principais figuras do teatro francês do século XVIII, pode-se dizer que elas buscaram, de várias maneiras, quebrar as regras e desobedecer aos princípios da doutrina clássica. Os resultados foram a comédia psicológica de Marivaux, o drama de Diderot e de Beaumarchais, e a comédia deste último, cujo valor consiste no fato de que, embora não tenham o mesmo esplendor que as obras do século que os precedeu, e sem ter conseguido reformular verdadeiramente o quadro estético, eles contribuíram, como lembra Décio de Almeida Prado[8], para a "fermentação dramatúrgica" e para a "elaboração teórica" que seria mais tarde aproveitada pelo romantismo.

REFERÊNCIAS BIBLIOGRÁFICAS

BEAUMARCHAIS, Pieere-Augustin Caron de. *Théatre*. In: *Oeuvres*. Paris: Gallimard, 1988 (Coll. Pléiade).
_____. *Théatre*. Paris: Garnier-Flammarion, 1965.
DIDEROT, Denis. *Discurso sobre a Poesia Dramática*. S. Paulo: Brasiliense, 1986.
_____. *Oeuvres esthétiques*. Paris: Garnier, 1988. (Coll. Classiques Garnier).
FORESTIER, L. *Panorama du XVIII s. français*. Paris: Seghers, 1961.

---

7. P.-A. C. de Beaumarchais, *Théatre*, em *Ouvres*, p. 44.
8. O Teatro Romântico: a explosão de 1830, em J. Guinsburg, (org.). *O Romantismo*, p. 169.

LAGARDE, André; MICHARD, Laurent. *XVIIIe. siècle.* Paris: Bordas, 1962. (Collection Littéraire Lagarde & Michard).

LE ROBERT des grands écrivains de langue française. Paris: Dictionnaires Le Robert, 2000.

MATOS, Luís Fernando Franklin de. Apresentação. In: DIDEROT, Denis. *Discurso sobre a Poesia Dramática.* S. Paulo: Brasiliense, 1986.

PRADO, Décio de Almeida. O Teatro Romântico: a explosão de 1830. In: GUINSBURG, J. (org.). *O Romantismo.* São Paulo: Perspectiva, 1978.

Parte II

**Presença de
Antônio José da Silva**

Antônio José da Silva – O Judeu

(Rio de Janeiro 1705 – Lisboa 1739)

J. Guinsburg[*]

O século XVIII, no mundo luso-brasileiro, tem em Antônio José da Silva, o Judeu, uma de suas figuras mais expressivas. Isto não só porque, como dramaturgo, foi um dos mais criativos desde Gil Vicente, tendo renovado o teatro português da época com suas "óperas" titerescas e vaudevillescas. Nem porque, sendo cristão-novo, pagou com a própria vida as suas origens ou fidelidades judaicas. Nem, finalmente, porque, brasileiro de nascimento, projetou com sua presença conspícua aos olhos do colonizador um traço marcante do emergir social e cultural da identidade do colonizado. Na verdade, a representatividade de seu vulto, para nós principalmente, se faz pela síntese destas três faces que o moldam numa espécie de personificação emblemática da luta do novo contra o velho, do oprimido contra o opressor, do marginal contra o institucional, da razão crítica contra a crendice cega, das forças da modernidade contra as bastilhas do tradicionalismo, na sociedade portuguesa setecentista, ainda tão marcada então por sua estrutura arcaica, por sua mentalidade retrógrada, pela perda de poder de renovação e competitividade no plano das coisas e das idéias.

Antônio José da Silva, o Judeu, foi uma das vítimas sacrificiais desta situação. Contra ele, contra o homem de teatro que empreendeu uma crítica audaz dos costumes e da organização sociais, das manipulações e explorações da religiosidade popular, cometendo o

---

[*] Professor de Estética Teatral e Teoria do Teatro na Escola de Comunicações e Artes da USP, São Paulo, Brasil.

pecado de ser dotado com o estro do poeta e a verve do comediógrafo, capaz de articular uma linguagem cênica que falava ao público e lhe comunicava sua mensagem, divertindo-o; contra o cristão-novo que, discriminado e ferreteado por padrões tacanhos e concepções anacrônicas, espoliado por práticas políticas e interesses econômicos em que se esteavam os privilégios das hierarquias do poder, contra este cristão-novo que porfiava a despeito de tudo em reinstaurar com a imagem da sua presença, multiplicada pela conveniência dos seus algozes, mas também se multiplicando pela força do seu próprio subsistir, a resistência do perseguido, o desafio do humilhado e do ofendido; contra o expatriado brasileiro que trazia, com o seu modo de ser e sentir, o gosto de horizontes menos estreitos e, possivelmente, a busca da liberdade, do pensar sem dúvida, mas por que não em outros domínios, também? Contra Antônio José da Silva, portanto, em sua tríplice expressão, ergueu-se, do fundo sinistro da reação ideológica e da opressão política, a máquina monstruosa que tinha o seu instrumento impessoal no Tribunal do Santo Ofício. Assim, pode-se afirmar sem exagero que, de certa forma, se encarnam, emblematicamente, na figura de Antônio José da Silva, o Judeu, elementos palpitantes do processo histórico do século XVIII, da arremetida das novas forças do progresso, da liberdade e da razão contra os feudos do obscurantismo e os poderes da estagnação.

Daí, também, o seu interesse e a sua atualidade, principalmente num momento em que a pesquisa histórica e a crítica cultural se libertam de dogmatismos cientificistas, partindo para uma tentativa de recuperar, da profundeza dos fatos e dos processos da existência coletiva, aqueles aspectos e aqueles elementos que sempre estiveram à margem da história. Indo além dos registros e das caracterizações vigentes há até bem pouco, a historiografia moderna tem rasgado novas perspectivas para a compreensão de muito daquilo que permaneceu por longo tempo esquecido na vala comum da desimportância histórica. À sua luz, recobram-se as mentalidades e os rostos dos anônimos da história oficial e, também, as efígies expressivas, no tocante aos conteúdos de sua expressividade. É o que fazem as investigações, não apenas documentais, mas igualmente estruturais.

Era Judeu, o Judeu?*

*Alberto Dines***

E a hebréia que encantou Castro Alves com a sua exótica beleza, teria sido fruto de um arroubo inspirado no *Cântico dos Cânticos*? E quão hebréia era?

A antropologia das alcunhas, epítetos e apostos não chega a constituir-se uma disciplina, mas à medida que se aperfeiçoa o biografismo e a nobre arte de remontar vidas, tende a constituir-se num foco de interesse. Edson Arantes do Nascimento confessou que bateu no menino que primeiro o chamou de Pelé, um dos nomes mais conhecidos do mundo contemporâneo. Charles Spencer Chaplin parece nome de estadista, mas transformou-se em Charlie Chaplin (Carlitos em português, Charlot em francês) e mostrou ao mundo que era possível rir da besta-fera, Adolf Hitler. Epítetos podem ser mais provocativos e significativos do que nomes de batismo ou civis.

Antônio José da Silva (Rio, 1705 – Lisboa, 1739) nasceu e morreu no período mais longo e perverso da Inquisição lusitana, na qual além da fogueira, do garrote e da tortura vigoraram a mais tenebrosa censura e as mais obscuras superstições. Por causa delas a produção intelectual portuguesa daquele período e do imediatamente posterior saiu principalmente da pena dos chamados "Estrangeirados", os

---

* Versão ampliada do texto publicado, sob o mesmo título, em M. H. C. Santos; J. S. Ribeiro (orgs.), *Os Judeus Portugueses entre os Descobrimentos e a Diáspora*.

** Jornalista e biógrafo de Antônio José da Silva.

82 O TEATRO NO SÉCULO XVIII

desterrados afortunados que, por diferentes razões e períodos de tempo, permaneceram longe da mãe-pátria.

Isto nos leva à seguinte pergunta: pode-se acreditar na veracidade da alcunha infamante, o Judeu, produzida numa sociedade e num tempo em que os "pérfidos sequazes da Lei de Moisés" eram imaginados como bestas fedorentas, com rabo escondido nas roupas e sangue eternamente impuro? Os fanáticos pregadores dominicanos e os frios juristas a serviço da Santa Madre Igreja não teriam inventado uma heresia para calar o incômodo peralta e gozador que fazia rir a plebe ignara do Bairro Alto com as patifarias da corte de D. João V transferidas para a mitologia grega e romana?

As irmãs Simy, Esther e Mary Roberta, filhas do rico negociante e homem público baiano Isaac Amzalak, viviam em meados do século XIX no palacete da família em Salvador em frente da casa de Castro Alves. É certo que o nosso bardo, eterno apaixonado, dedicou às deslumbrantes irmãs a "Hebréia" ("pálida rosa da infeliz Judéia"), "Terceira Sombra" ("ó musa de Israel! pega da lira") e "No Camarote" ("Arcanjo, deusa ou pálida madona").

Descendiam de venerável família de judeus portugueses expulsos em 1496 por D. Manuel I e acolhidos no Marrocos pela tolerância otomana. Os lampejos do Iluminismo europeu espalharam os Amzalak pelo mundo. A documentação genealógica sobre as beldades é farta e insofismável: duas são baianas (lisboeta, a terceira), nascidas entre 1851 e 1854, naquela Renascença tardia que fez do liberal-romantismo luso-brasileiro um dos períodos mais fecundos nos dois lados do Atlântico[1].

A dedicatória às musas coincidiu – e não por acaso – com o período áureo da emancipação judaica quando os recém-saídos dos guetos, judiarias e zonas de confinamento esqueceram as ofensas, assumiram seu passado e crenças. As hebréias de Castro Alves eram tão judias quanto o Judeu que viveu um século antes. A diferença é que não se escondiam; ao contrário, exibiam com garbo tanto as formosuras como a identidade.

Em meados do século XVIII na Lisboa joanina e sufocante, *judeu* era designação execrável, afrontosa, injuriante. Em meados do XIX, naquele Brasil que se libertava dos preconceitos, hebréia significava algo divino e etéreo[2].

---

1. Sobre as musas de Castro Alves, as irmãs Amzalak, de Salvador, ver José Maria Abecassis, *Genealogia Hebraica: Portugal e Gibraltar* (1990), v. I, p. 331-337, 344-348, amplamente documentada inclusive sob o aspecto religioso (*ketubot*, atas de casamento).

2. No final do século XVIII, a palavra judeu/judia, tão carregada de preconceitos, começou a ser substituída por *israelita*, mais respeitosa. Exemplo disso é a obra *Os Costumes dos Israelitas, onde se Vê o Modelo de uma Política Simples & Sincera para o Governo dos Estados e Reformação dos Costumes*, de autoria do francês Monsenhor Fleury e traduzida para o português por João Rozado de Villalobos e Vasconcellos em1778.

ERA JUDEU, O JUDEU?

Não existe a menor dúvida de que o carioca-lisboeta Antônio José da Silva foi preso duas vezes (1726 e 1737) pelo pecado de judaísmo e garroteado na segunda vez (1739) como "herege e apóstata da nossa Santa Fé Católica convicto, pertinaz e relapso". Por isso, os inquisidores "o condenam e relaxam à Justiça secular, a quem pedem com muita instância se haja com ele benigna e piedosamente e não proceda à pena de morte nem efusão de sangue"[3].

Impossível prever se algum surto revisionista não produzirá uma facção que negue ao Judeu a sua condição judaica apenas porque na hora final, já no Terreiro do Trigo, preferiu morrer na Lei de Cristo para evitar o prolongado suplício de ser queimado vivo. Simples economia de dor, eutanásia: "Se tudo é morrer, escolherei a morte que me for mais suave", diz o comediógrafo Antônio José da Silva através da criada Maresia[4].

Os seus dois processos no Tribunal do Santo Ofício estão repletos de acusações de práticas judaicas, sendo que no primeiro abundam as confissões, razão da sua rápida conclusão (três meses). Dos 143 autos de parentes arrebanhados pelo Santo Ofício no Rio de Janeiro entre 1709 e 1723 surge um fascinante mosaico do mosaísmo sefardita. Embora aquém da riqueza e da intensidade dos cultos praticados abertamente nas comunidades de Amsterdã, Londres e Hamburgo, este cripto-judaísmo luso-brasileiro, clandestino e adaptado, acondicionado em maços tão maçantes, mantém uma vitalidade impressionante[5].

Cabe aqui a pergunta: qual a validade das informações contidas num processo inquisitorial comandado pelos algozes, sem qualquer compromisso com os direitos dos acusados, verdadeira caricatura forense? Raríssimos foram os presos pela Inquisição que conseguiram provar a sua inocência – de alguma culpa precisavam penitenciar-se; caso contrário, seriam considerados "negativos" e "impenitentes" com risco de sofrer castigo maior do que o seqüestro dos bens. O Tribunal do Santo Ofício era infalível, não podia errar. Todos os acusados eram automaticamente transformados em réus, e todos os réus eram culpados.

Apesar da suspeição deste tipo de tribunal e deste tipo de justiça, os pesados processos contêm valiosas informações genealógicas e biográficas não apenas sobre os acusados, mas também sobre as teste-

---

3. Processo 2027 da Inquisição de Lisboa, Arquivos Nacionais da Torre do Tombo. Transcrição parcial na *Revista trimensal do Instituto Histórico e Geográfico Brasileiro*, t. LIX, parte 1, p. 261, 1896.

4. *As Variedades de Proteu*, cena II, peça representada em maio de 1737, a última a que o autor assistiu. Na seguinte, *Precipício de Faetonte*, levada à cena em maio de 1738, já estava preso.

5. Cf. A. Dines, *Vínculos do Fogo*. No Adendo I identificam-se os parentes penitenciados pela Inquisição através das genealogias dos clãs Fernandes, Henriques, Mendes da Silva, Rodrigues, Cardoso, Coutinho, Azevedo, Brum, Paredes e afins. A numeração dos respectivos processos inquisitoriais está indicada nos demais capítulos.

84 O TEATRO NO SÉCULO XVIII

munhas. O acervo de preces, ritos e crenças contidos na documentação inquisitorial portuguesa levou Elias Lipiner – considerado o precursor dos modernos estudos luso-hebraicos – a constatar que nos arquivos da Torre do Tombo e precisamente no acervo do Santo Ofício está uma importante porção da história judaica na península ibérica[6].

No imenso círculo familiar brasileiro daquele que seria conhecido como o Judeu destacam-se quatro figuras estelares, judeus assumidos e militantes: o bisavô materno, Miguel Cardoso (preso em 1660, no Rio, por converter a Ermida da Ajuda em sinagoga), a tia-avó paterna Inês Aires (que morreu no cárcere de Lisboa), o tio materno Miguel de Castro Lara e o tio (materno e paterno) José Gomes da Silva, aliás Marcos Henriques, espécie de líder comunitário, preso no calabouço do Colégio dos Jesuítas no Rio de Janeiro, libertado pelas forças de Du Guay-Trouin e que com ele escapou para encontrar a morte numa das suas naus durante uma tempestade no mar (por isso, "relaxado em estátua", simbolicamente)[7].

Destes parentes, Antônio José conheceu e conviveu apenas com Miguel de Castro Lara, nascido no Rio (neto de sevilhanos), advogado (formado em Coimbra), poeta, convictamente judeu, preso na primeira leva de cristãos novos fluminenses e, por isso, penitenciado antes do seu pai e mãe. Pôde, assim, acolher os três sobrinhos quando chegaram a Lisboa. Depois da libertação do dr. João Mendes da Silva e de sua mulher, Lourença Coutinha, as duas famílias mantiveram estreitas relações.

Freqüentavam os saraus de Miguel de Castro Lara e Maria Coutinha intelectuais como o satirista Thomas Pinto Brandão e o sacerdote-inventor Bartolomeu de Gusmão, mas tudo indica que nas sextas, sábados e feriados do calendário judaico lá se reuniam também os egressos da comunidade de judaizantes do Rio de Janeiro penitenciados pela Inquisição, todos aparentados.

Os primos davam-se muito bem: os Mendes da Silva (Balthazar Rodrigues Coutinho, André Mendes da Silva e Antônio José da Silva) estavam muito próximos da prole de Castro Lara constituída por três raparigas (Brites Eugênia Cardosa, Branca Maria e Teresa Maria) e três rapazes (João Tomás de Castro, Baltasar e Silvestre Caetano). Se a mão pesada da Inquisição não interviesse não seria de estranhar

6. Cf. Introdução, em N. Falbel et al. (orgs.), *Em Nome da Fé*, p. 12. Não compartilha de opinião de Lipiner (e outros como Izchak Baer, Haim Beinart e Henry Kamen), o historiador Bentzion Netanyahu, que desqualifica liminarmente a veracidade e teor dos processos inquisitoriais porque foram conduzidos por inimigos do povo judeu e, portanto, são suspeitos. Cf. H. Kamen, *The Spanish Inquisition*.

7. Destes desconhece-se apenas o processo de Miguel Cardoso, um dos raros que desapareceram dos organizados arquivos do Santo Ofício. Não obstante, do cruzamento de informações de processos afins consegue-se obter um quadro bastante nítido de sua história, atuação e conexões.

que acontecessem casórios entre os primos (repetindo a inevitável aproximação endogâmica que juntara o dr. Miguel e Maria Coutinha, primos de primeiro grau).

Os sobreviventes desta grande família foram enredados pela acusação de práticas judaicas: quatro conseguiram escapar para a Inglaterra (a mãe, Maria Coutinha, as suas filhas e o caçula, Silvestre Caetano), quatro foram encarcerados (os três Mendes da Silva e o primo, médico, João Tomás de Castro, condenado ao garrote).

A própria fuga daquele grupo para a Inglaterra, facultada apenas aos que se comprometiam em juntar-se à grande comunidade luso-judaica de Londres, é indício de compromisso religioso[8].

A leitura conjugada dos processos de Antônio José da Silva, mãe, tias, irmãos, primos e primas, desvenda um painel que poderia designar-se "A vida cotidiana dos judaizantes nos anos vinte da Lisboa setecentista". Descontados os exageros sobre as respectivas cristandades proclamadas para convencer os inquisidores da sua absoluta fé na Santa Madre Igreja, tratava-se de uma gente festeira, intelectualizada, muito bem relacionada com a burguesia cristã velha, mas intensamente consciente do seu judaísmo, conhecedora de preces e ritos (quando se referiam aos outros, óbvio).

A Inquisição como "fábrica de judeus" (no dizer do padre Vieira) resultava de um sistema de denúncias sucessivas: quanto mais malsinações, e quanto mais judeus escondidos eram identificados, mais próximo da inocência ficava o réu. Através desta perversa engrenagem, desvenda-se uma religião com muitos adeptos e, apesar de escondida, intacta[9].

Havia diferenças entre os cristãos novos: o dr. João Mendes da Silva, pai do Judeu, embora penitenciado em Auto da Fé (Lisboa, 1713), era oriundo de um clã que no Rio de Janeiro produzira figuras do alto clero católico, e não partilhava dos rituais praticados por sua mulher, Lourença Coutinha. Jurista e poeta, aderiu com gosto à agenda, digamos, cultural do grupo que freqüentava o cunhado.

O seu primogênito, Balthazar Rodrigues Coutinho, preso junto com os irmãos em 1726, já estava rompido com o judaísmo e casado com a cristã velha Antonia Maria Teodora, da qual tinha um filho. Vizinho dos irmãos em 1737, não foi preso junto com a mãe, tia e cunhadas na noite do Iom Quipur, o Dia Grande.

8. O dr. Miguel de Castro Lara morreu dois anos antes, em 1724; o filho Baltazar, nascido no Rio, era soldado e morreu afogado em Lisboa, cerca de 1720. A filha mais velha, Brites Cardosa, só escapou para a Inglaterra depois de penitenciada no Auto de 1726. Cf. A. Dines, op. cit., apêndice I, prancha 5, lado materno.

9. Malsim, malsinar vem do hebraico *malxin*, delator (plural *malxinim*), pecado inaceitável segundo os sábios judeus, não obstante indispensável para a sobrevivência do tribunal. Cf. A. Dines, op. cit., p. 1004.

86   O TEATRO NO SÉCULO XVIII

A estréia formal do Judeu como judeu deu-se no Auto da Fé de Lisboa, em 1726. Estava fundido o ferrete que o marcaria nos próximos treze anos de vida e nos 270 que se seguiram à sua morte. Mas foi no cárcere (ou logo em seguida ao Auto da Fé, nas sessões de doutrinação de que os penitenciados eram obrigados a participar) que Antônio José conheceu três irmãos da Covilhã (Beira Baixa), cristãos novos, convictamente judeus, todos metidos no negócio de têxteis. Liderados pela mãe, Ana Henriques Nunes de Carvalho, alguns integrantes da família deixaram a Covilhã para viverem abertamente como judeus em Bayone, França, junto com um outro filho que lá vivia muito próspero. Os fugitivos foram interceptados pelos esbirros da Inquisição espanhola e a mãe acabaria recebendo a pena capital. Ficaram na terra natal os demais irmãos e irmãs, presos logo em seguida graças à estreita cooperação entre os dois tribunais.

Quando a Inquisição lusa descobria um filão de judaizantes entre os cristãos novos da Beira Baixa, estes, freqüentemente, escapavam através da fronteira. Grande parte dos "ensinadores" da Lei de Moisés vinha de Castela, razão pela qual as suas preces eram escritas num "portunhol" fartamente entremeado de palavras hebraicas.

Graças aos Carvalho presos em Lisboa, Antônio José conheceria a irmã, Leonor Maria de Carvalho (ainda encarcerada pela inquisição em Valladolid), com quem se casaria dali a oito anos. A mesma conexão aproximaria o irmão, André Mendes, da outra irmã, Páscoa Carvalha, também conhecida como Páscoa de los Rios, igualmente presa[10].

A dupla cunhada, segundo todos os testemunhos, conhecia as preces mais importantes e, nesta condição, foi a oficiante da cerimônia da véspera do Iom Quipur, interrompida pela chegada dos Familiares do Santo Ofício, que transformaria definitivamente o quase anônimo Antônio José da Silva no celebrado Judeu.

No mesmo momento em que o então estudante de cânones em Coimbra, de 21 anos, abjurava da Lei de Moisés, prometia reconciliar-se com os ensinamentos da Lei de Cristo e penitenciava-se publicamente dos seus pecados no Auto da Fé de 13 de outubro de 1726, iniciava-se sutil e lentamente o seu reencontro com o judaísmo. Através da mulher, da cunhada e através da mãe, àquela altura penitenciada pela segunda vez junto com a inseparável irmã, Isabel Cardosa[11].

Quantos dos 613 Mandamentos do judaísmo cumpriu ou descumpriu o Judeu é impossível precisar. É certo que, ao contrário do

10. O convívio com os parentes da mulher, a familiaridade destes com o castelhano e, sobretudo, o fato deste idioma ser corrente nos espetáculos teatrais públicos em Portugal devem ter sido fatores decisivos quando o Judeu escreveu *El Prodígio de Amarante*. Cf. A. Dines; A Testemunha-Chave, em A. Dines; V. L. S. Eleutério (orgs.), *O Judeu em Cena*, p. 44.

11. As duas irmãs foram presas pela terceira vez junto com o filho e sobrinho.

irmão mais velho e vizinho, Balthazar, Antônio José da Silva estava presente às bênçãos que antecedem o derradeiro Iom Quipur de 1737. É certo também que naquele dia visitou diversas casas de cristãos novos com um livro na mão.

O seu judaísmo não aparece nas comédias. Mas ao escolher o estilo "joco-sério", tragicômico, galhofeiro e melancólico, não estaria introduzindo o ingrediente que séculos depois se tornaria marca registrada do humor judaico? Um dado é visível: nas suas óperas se escancara uma integridade moral e uma revolta contra a mentira e a tirania que podem constituir uma importante porção de suas crenças.

Qual a contribuição do segundo processo inquisitorial para identificar e "quantificar" o judaísmo do Judeu? Tal como o conhecemos, na transcrição ordenada por Francisco Adolpho de Varnhagen e publicada na *Revista Trimensal do Instituto Histórico e Geográfico Brasileiro*, este documento – muito mais do que os outros da mesma origem –, além da ilegitimidade intrínseca, carece de credibilidade processual.

O emérito pesquisador, um dos patriarcas da historiografia brasileira, foi iludido pelos copistas aos quais encomendou o trabalho. E estes foram iludidos pelos ardis "forenses" dos inquisidores 157 anos antes. Irrelevantes os erros da transcrição, relevante é que o processo impresso representa menos da metade do original manuscrito. A transcrição encomendada por Varnhagen foi fiel aos vícios de arrumação e encadernação, não por culpa dele, mas por imposição das altas esferas do Santo Ofício, da qual indiretamente também foi vítima.

O documento inicial é, como sempre, a ordem de prisão datada do dia 3 de outubro de 1737, mas a partir dela tudo é suspeito. O documento seguinte é extraordinário, senão inédito, raríssimo: uma certidão assinada pelo notário do Santo Ofício, confirmando que o réu Antônio José da Silva foi preso *por ordem verbal* do Exmo. Sr. Cardeal [o Inquisidor Geral, D. Nuno] da Cunha. Mas é datada de 10 de Março de 1739, dezessete meses depois da ordem de prisão![12]

A intenção da manipulação cronológica é evidente: avisar aos promotores e inquisidores que viessem a manusear o processo na etapa final e decisiva que Sua Eminência, o Cardeal Cunha, estava decidido a condenar o réu. E o réu não foi condenado pela prisão em flagrante durante uma cerimônia judaica – como todos os parentes – mas por denúncias *posteriores* ao encarceramento. A primeira delas, veiculada pela escrava de Lourença Coutinha, Leonor Gomes, que procurou o Santo Ofício para declarar que a sua patroa, irmã, filhos e noras se lavavam, trocavam de roupa e preparavam a casa na sexta-feira, véspera do sábado (um dos elementos mais conhecidos para a identificação de judeus) e também não iam à missa embora gozassem de boa saúde.

---

12. *Revista Trimensal do IHGB*, p. 51-52.

Gravura de Guilherme Francisco Lourenço Debrie (ou de Brie, delineator et sculptor Regis, burilista francês a serviço de D. João V), relacionada com a estréia da ópera As Variedades de Proteu, *de António José da Silva (maio de 1737), no Teatro do Bairro Alto de Lisboa. De pequenas dimensões (13 x 9 cm), poderia servir à ilustração do livro in 8º publicado em seguida (sem indicação de autor ou impressor). Gravuras de Debrie abrem diversas obras impressas nas oficinas de António Isidoro da Fonseca, entre elas o Tomo I da* Biblioteca Lusitana *de Diogo Barbosa Machado (onde consta um verbete de António José da Silva escrito antes da sua prisão em outubro daquele ano). O mesmo tipógrafo imprimiu no carnaval de 1737 a obra joco-séria* Guerras do Alecrim e Mangerona *e, pouco antes (1736), um folheto com uma glosa a um soneto de Camões assinada pelo Dr. Antonio Jozeph da Sylva. As* Variedades *inspiram-se nas* Metamorfoses *de Ovídio, onde Proteu se transforma continuamente para conseguir os favores de Cyrene (metáfora dos disfarces empregados pelos cristãos novos para vencer os preconceitos impostos pela Inquisição). Cf. M. Augusta Araújo, "Gravadores Estrangeiros na Corte de D. João V", III Congresso Internacional da Associação Portuguesa de Historiadores da Arte, Porto, 2004, http://www.apha.pt/boletim/boletim4 - Dia 18, Secção A.*

ERA JUDEU, O JUDEU?

Leonor foi posteriormente desqualificada por testemunhas como "pessoa de maus costumes e vícios" e morreu logo depois da delação.

As denúncias que efetivamente pesaram na versão "oficial" do processo referem-se apenas a Antônio José e foram comunicadas pelos funcionários do Santo Ofício, encarregados de espionar os presos ao longo do dia e da noite. Através de vigias escondidas verificavam se os presos rezavam na hora da Ave Maria, se faziam o sinal da cruz e ajoelhavam, se comiam, o que comiam e, sobretudo, se faziam "jejuns judaicos" no cárcere.

Jejuns parciais às segundas e quintas constituíam um traço marcante dos judeus observantes, sobretudo os varões (as mulheres estavam sempre rodeadas por escravas), e relacionavam-se com a necessidade de purificar o corpo nos dias de leitura dos rolos sagrados[13].

Antônio José da Silva foi acusado de cinco jejuns judaicos, todos no mês de abril de 1738 (seis meses depois de preso), três deles em quintas-feiras, os demais numa terça e quarta. Abril é o mês da Páscoa do Pão Ázimo (Pessach, em hebraico), os inquisidores sabem disso, a armação foi montada com coerência.

Os espiões também relataram posturas incompatíveis com católicos como deitar a carne da ração no "vaso das imundícias" para indicar que o preso rejeitava carnes impuras e obedecia à dietética judaica.

Antônio José da Silva negou os jejuns e negou os testemunhos de companheiros de cárcere que atestaram que ainda acreditava na Lei de Moisés. De nada valeram os depoimentos dos dominicanos que confirmaram sua fidelidade à Lei de Cristo nem o testemunho crucial de frei Diogo Pantoja, mestre da Ordem de Santo Agostinho que freqüentava a casa do réu "por causa das composições [teatrais] que ele fazia no Bairro alto" e a quem "tinha em conta de bom cristão e homem prudente"[14].

Antônio José da Silva estava marcado para morrer. E como o Santo Tribunal só tratava de coisas santas e nas suas comédias não havia blasfêmias nem heresias, apenas sátira política, tramou-se a sua transformação num judeu muito crente e renitente, pertinaz e ortodoxo.

Por ironia, na parte desconsiderada do seu processo, onde várias testemunhas dão conta da cerimônia do Iom Quipur, interrompida bruscamente pela entrada dos Familiares da Inquisição, Antônio José da Silva também aparece como judeu. O flagrante é inequívoco, mas não interessava ao Cardeal Inquisidor executar a família inteira. Só um de seus membros.

Aquele que atende pela alcunha de Judeu era judeu. Duplamente judeu, tanto no processo manipulado para condená-lo à morte, como noutro que poderia salvá-lo (como aconteceu com a sua família). O

---

13. Estes jejuns parciais, ditos *pequenos*, somavam-se aos jejuns *grandes*, integrais, como era o caso do Iom Kipur. Cf. A. Dines, op. cit., p. 1003.

14. *Revista Trimensal do IHGB*, p. 165-166.

90   O TEATRO NO SÉCULO XVIII

certificado de judaísmo não foi fornecido pelos Inquisidores, mas pelo amigo-poeta que presenciou o último ato judicial antes da execução: "Mote que glosou de repente Antônio José da Silva quando estava na Relação para ir a queimar de garrote em 18 de outubro de 1739".

É categórico o mote "Há na glória padecer", relacionado com a santificação do nome de Deus diante do sacrifício (*Kidush Hashem*). A segunda glosa ("Por um curioso falando com o padecente") é o atestado conclusivo:

> De Flor, Aumento e Enleio
> Tiveste o nome formado,
> Mas foste tão desgraçado
> Como da Ley foste alheio:
> Já nas tuas cinzas leio, que menos vieste a ser,
> Pois podendo florescer
> Ao laço deste a vitória,
> Que quando em Moisés
> Há glória, há na glória padecer.[15]

> [*Zichronó levrachá,* Bendita a sua memória.]

São Paulo, nos 470 anos do estabelecimento da Inquisição em Portugal e no Brasil, 300 anos de nascimento de Antônio José da Silva e 267 da morte do Judeu.

REFERÊNCIAS BIBLIOGRÁFICAS

ABECASSIS, José Maria. *Genealogia Hebraica, Portugal e Gibraltar*. Lisboa: Edição do autor, v. 1, 1990.

ARAÚJO, Maria Augusta. Gravadores Estrangeiros na Corte de D. João V. *Congresso Internacional de História da Arte, 3*. Porto: Fundação Eng°. António de Almeida, 2004. Disponível em http://www.apha.pt/boletim/boletim4 - Dia 18, Secção A.

DINES, Alberto. *Vínculos do Fogo*: Antônio José da Silva, o Judeu, e outras histórias da Inquisição em Portugal e no Brasil. São Paulo: Companhia das Letras, 1992.

_____. A Testemunha-chave. In: DINES, Alberto; ELEUTÉRIO, Victor Luís da Silva. *O Judeu em Cena*: El Prodígio de Amarante/O Prodígio de Amarante. São Paulo: Edusp, 2005.

_____. António José da Silva, Uma Biografia em Versos. In: _____ (org.). *António José da Silva, Uma Biografia em Versos*. Rio de Janeiro: Edições Bibilioteca Nacional, 2006.

FALBEL, Nachman; MILGRAM, Avraham; DINES, Alberto (orgs.). *Em Nome da Fé*: estudos *in memoriam* de Elias Lipiner. São Paulo: Perspectiva, 1999.

---

15. Aumento, Flor e Enleio: metáforas relativas aos nomes Antônio, José e Silva. O laço é o garrote. Cf. A. Dines, António José da Silva, Uma Biografia em Versos, em A. Dines (org.), *António José da Silva, Uma Biografia em Versos*, p. 28.

ERA JUDEU, O JUDEU? 91

FLEURY, Monsenhor. *Os Costumes dos Israelitas, onde se Vê o Modelo de Uma Política Simples & Sincera para o Governo dos Estados e Reformação dos Costumes*. Tradução de João Rozado de Villalobos e Vasconcellos. Lisboa: Tipografia Rollandiana, 1778.

KAMEN, Henry. *The Spanish Inquisition*: a historical revision. New Haven: Yale University Press, 1998.

NETANYAHU, Benzion. *The Origins of the Inquisition in Fifteenth Century Spain*. Resenhado por KAMEN, Henry. *The New York Review of Books*, 1 fev. 1996.

REVISTA Trimensal do Instituto Histórico e Geográfico Brasileiro. Rio de Janeiro, t. 59, parte 1, 1896.

SANTOS, Maria Helena Carvalho; RIBEIRO, José Sommer (orgs.). *Os Judeus Portugueses entre os Descobrimentos e a Diáspora*. Lisboa: Fundação Calouste Gulbenkian, 1994.

SILVA, António José da. *El Prodigio de Amarante/O Prodígio de Amarante*. In: Dines, Alberto; Eleutério, Victor, Victor Luís da Silva (orgs.), *O Judeu em Cena*: El Prodígio de Amarante/O Prodígio de Amarante, São Paulo: Edusp, 2005.

De Quem a Autoria de "Ao Leitor Desapaixonado"?

*Francisco Maciel Silveira**

TRIBUNAL DE BIZÂNCIO

À guisa de *foyer* do *Teatro Cómico Português* estão três textos: "Dedicatória à Mui Nobre Senhora Pecúnia Argentina", "Ao Leitor Desapaixonado" e "Advertência do Colector". Por eles passeia os olhos o leitor. Se não estiver desatento, talvez lhe ocorra indagar se pertencem à pena do Judeu esses preâmbulos. Em resposta à inesperada curiosidade desse leitor, pode-se antecipar que apenas a "Dedicatória à Mui Nobre Senhora Pecúnia Argentina" é da autoria do Judeu.

Naturalmente, a "Advertência do Colector" não traz, quanto à autoria, problemas. Já o título denuncia pertencer o texto a quem compilara e, precatado no privilégio real contra qualquer prejuízo advindo da usurpação de seu direito de exclusividade, se entregara ao empreendimento de imprimir e comerciar as peças que "se tinham representado na casa do Teatro público do Bairro Alto" – isto é, Francisco Luís Ameno, depositário ainda de muitos manuscritos que tencionava dar a lume e cuja tipografia, "provida de excelentes tipos, e pelo esmero e correcção das impressões, chegou a ser uma das melhores de Lisboa"[1].

A "Dedicatória à Mui Nobre Senhora Pecúnia Argentina", estampada na edição de 1744 do *Teatro Cómico Português*, nada mais é que a reprodução, com ligeiras e mínimas alterações, do texto que introduz

---

* Departamento de Letras Clássicas e Vernáculas, Faculdade de Filosofia, Letras e Ciências Humanas, USP, São Paulo, Brasil

1. I. F. da Silva *Dicionário Bibliográfico Português*, v.11, p. 431.

94   O TEATRO NO SÉCULO XVIII

Guerras do Alecrim e Manjerona, saído em 1737 "na Officina de Antonio Isidoro da Fonseca"[2]. Nada infirma a hipótese de que este jocoso prefácio se deva à pena do Judeu[3]. A ironia e a comicidade extraídas do jogo de palavras e trocadilhos, típicos de sua comediografia, aí estão presentes. As licenças para a impressão de *Guerras do Alecrim e Manjerona*, datadas de fevereiro de 1737, tornam bastante plausível a idéia de que o Judeu tenha composto este texto em fins de 1736 para atender à urgência do editor Isidoro da Fonseca, que desejava imprimir *Guerras* "a fim de a fazer representar no Carnaval deste presente ano", isto é, 1737. Ademais, uma leitura atenta da "Dedicatória" revela a visão de um autor de comédias, atividade que, como o sugere Oliveira Barata, parece ter desempenhado Antônio José:

> O autor de comédias não era apenas, de acordo com a organização institucional do espetáculo da época, quem escrevia os textos destinados à representação. As suas funções contemplavam também as tarefas de administrador, encenador ou ensaiador, e muitas vezes também a de actor. A organização modelar que permitira o desenvolvimento e projeção do teatro espanhol repercutiu-se um pouco por toda a Europa e, com especial incidência, entre nós. Não é de excluir, ressalvando as limitações que derivariam das vicissitudes do seu percurso cívico, que António José da Silva fosse o responsável, ensaiador e programador do teatro do Bairro Alto[4].

Escapou à perspicácia do competente pesquisador coimbrão que o ter sido Antônio José, presumivelmente, um autor de comédias é forte argumento a favor da atribuição da "Dedicatória" à sua pena. A perspectiva que preside à elaboração da "Dedicatória à Mui Nobre Senhora Pecúnia Argentina" é a do autor de comédias.

Se lermos o texto de 1737, matriz reaproveitada por Ameno para a edição do seu *Teatro Cómico Português* de 1744, vemo-nos frente a um

---

2. Consultar o fac-símile desta edição de Antonio Isidoro da Fonseca de *Guerras do Alecrim e Manjerona*. As alterações consistem, principalmente, em passar para o plural o que estava em 1737 no singular, já que na edição de 1744 se dedicavam à Pecúnia Argentina as oito zarzuelas e não apenas *Guerras do Alecrim e Manjerona*.

3. Oliveira Barata, sem apresentar nenhum argumento convincente, apenas baseado em "pessoalíssimas convicções" – pecado que atribui a quantos visitaram o espólio literário do Judeu – descura do marco cronológico que representa o aparecimento deste prefácio na edição de Isidoro da Fonseca (1737) e apresenta Ameno como autor da *Dedicatória*: "O facto de a 'Dedicatória à Mui Nobre Senhora Pecúnia Argentina' já surgir na edição das *Guerras*, de Isidoro da Fonseca, em 1737, não exclui a nossa convicção de que ela terá sido escrita por Ameno.[…]. Ameno que, por certo, acompanhou desde os tempos de Coimbra a trajectória de António José, com ele mantinha relações literárias que não nos fazem excluir a hipótese de ter redigido para uma edição do seu amigo tão saboroso 'prefácio'". Cf. J. O. Barata, *António José da Silva*, p. 193 e 221. Não alcanço por que obscura razão o próprio Judeu não a teria composto…

4. Idem, 1 p.173, ver também p. 341. Para maiores informações a propósito do estatuto e funções desempenhadas por um autor de comédias, ver J. M. D. Borque, *El Autor de Comedias: director de la Companía*, em *Sociedad y Teatro en la España de Lope de Vega*, p. 44-61.

DE QUEM A AUTORIA DE "AO LEITOR DESAPAIXONADO"? 95

emissor que conjuga sua atividade de autor às de encenador e administrador de um pequeno "pátio de comédias". Nota-se facilmente a presença de um *eu* que se integra a um *nós*, a Companhia. Sobretudo no período que fecha a "Dedicatória" uma silepse de pessoa revela a fusão de *eu* ao *nós*, inserindo-o como parte integrante da Companhia: "Uma burra guarde a ilustre pessoa de Vossa Senhoria os anos que todos seus criados havemos mister". Não obstante integrado e fundido ao grupo, sua proeminência sobre os demais se desvela no fato de falar pela Companhia e em nome dela, tomando a iniciativa de dedicar as peças ao Mecenas Dinheiro: "Se isto tudo causa Vossa Senhoria quando nos faz mercê, como podia eu deixar de oferecer-lhe esta Obra?" ("estas Obras", na edição de Ameno). Estamos a ouvir a voz do administrador, do encenador cujo teatro, sem os favores e beneplácitos do mecenatismo oficial e/ou cortesão, depende, para sobreviver com sua *troupe,* do dinheiro desembolsado pelo público na compra dos ingressos. Afinal, "à Mui Nobre Senhora Pecúnia Argentina" ficava-se devendo o arrendamento da sala, dos bonifrates, do cenário, do "aparato do teatro e sua fábrica". De tão preciosa patrona extraía-se o sustento de quantos giravam à órbita daqueles espetáculos de marionetes: o porteiro, o arrumador, o baleiro, os dubladores dos bonecos, os cantores, os músicos, o autor do texto. Natural, pois, que o argentino som das moedas que ali pingavam infundisse alento e alegria em todos os servidores, animados e inanimados, daquele teatro.

É à luz de sua condição de autor de comédias que podemos aclarar a única referência que se faz, no segundo processo, à atividade teatral de Antônio José da Silva. Frei Diogo Pantoja, 44 anos, mestre da Ordem de Santo Agostinho, diz num trecho do seu depoimento: "que depois que elle testemunha veio da India a ultima vez, e o comunicava por cauza das compozições, que elle fazia assim no Bairro Alto, em caza de um irmão d'elle testemunha, onde lhe falou muitas vezes, como na caza do réo, onde elle testemunha ia".

Já dizia Vieira que "os pontos, e vírgulas, determinam o sentido das palavras; e variados os pontos, e vírgulas, também o sentido se varia". Assim sendo, propor uma nova pontuação e leitura desse confuso excerto é resgatar-lhe o sentido do enleio sintático criado pela barafunda de vírgulas aí postas mais a torto que a direito. Que diz o depoimento de Pantoja? Que o frei, após seu último retorno da Índia, contactava com Antônio José por causa de umas composições que ele (o frei) fazia[5]. Note-se que "assim no Bairro Alto" deve ser lido como um adjunto adverbial a determinar o lugar onde a testemunha se encontrava e comunicava com o réu. Esta leitura é confirmada se atentarmos para o conectivo "assim... como" a apro-

---

5. Claude-Henri Frèches leu devidamente o passo, atribuindo a Pantoja, sem comentários outros, a autoria das composições em pauta no excerto, *António José da Silva et l'Inquisition*, p. 136.

96   O TEATRO NO SÉCULO XVIII

ximar dois sítios: comunicava-se a testemunha com o réu Antônio José "*assim* no Bairro Alto, em casa de um irmão d'ele testemunha, onde lhe falou muitas vezes, *como* na casa do réu, onde ele testemunha ia". Sendo, no excerto, Diogo Pantoja o autor das tais composições (e não Antônio José), seus assíduos contactos com o réu se aclaram sob o facho da atividade profissional desenvolvida pelo Judeu: o frei comunicava-se freqüentemente com um autor de comédias, a tratarem talvez de um futuro repertório para a casa de divertimentos do Bairro Alto.

Lobrigado o autor de comédias no segundo processo, seu vulto delineia-se e confirma-se no *eu* que enuncia a "Dedicatória à Mui Nobre Senhora Pecúnia Argentina". Considerando que este texto, originalmente a prefaciar *Guerras do Alecrim e Manjerona,* foi dado ao prelo em fevereiro de 1737, sua redação deve datar de fins de 1736 ou janeiro de 1737. Não me interessa precisar a data de sua elaboração, mas sublinhar que, redigido bem antes de 1744, tudo leva a crer que Ameno, tendo-o encontrado já pronto, tão só o reaproveitou. O fator cronológico, aliado à elocução de um autor de comédias hábil na exploração cômica de trocadilhos e jogos de palavras, autoriza-nos a pensar em Antônio José da Silva como legítimo autor desta "Dedicatória".

DOIS DEDOS DE PROSA E VERSO APÓCRIFOS

Já "Ao Leitor Desapaixonado" não se deve à pena do Judeu. Todavia, não me parece que se possa atribuí-lo integralmente à autoria de Francisco Luís Ameno[6]. Examinemos detidamente o texto para ver o que ele nos diz. Melhor seria dizer: para ver o que ele nos oculta.

Uma leitura atenta dos quatro parágrafos e duas décimas que o compõem revela-nos, em três parágrafos, um discurso fechado em si, com começo, meio e fim, a que se apõe um adendo posterior – mais um parágrafo e duas décimas – cujo tom e conteúdo contradizem o que fora anteriormente exposto. Sigamo-lo para desvendá-lo.

No primeiro parágrafo, o emissor dirige-se não a qualquer leitor, mas um tipo específico, o leitor desapaixonado: "Contigo falo, leitor desapaixonado, que, se o não és, não falo contigo". Arroga-se, pois, o direito de escolher seu público. Em seguida, caracteriza o "leitor desapaixonado": aquele que "sem afecto ao autor da obra, sem inclinação ao da música, sem conhecimento do arquitecto da pintura" não é movido pela amizade nem tampouco instigado pela facilidade da "vizinhança do Teatro"; aquele que "a expensas do seu pecúlio entra com ânimo livre de paixões" na sala de espetáculos – "este sim, não sendo estulto por natureza, é o verdadeiro ouvinte no teatro e leitor nos papéis". Somente este

6. Cf. J. O. Barata, op. cit., v. 1 p. 188-202. O estudioso Coimbrão defende a presuntiva autoria de Ameno nas páginas 196-198.

DE QUEM A AUTORIA DE "AO LEITOR DESAPAIXONADO"?   97

leitor – note-se – "desapaixonado e douto" saberá desculpar os "erros" e "discernir a dificuldade da cômica" em um teatro de marionetes. Assim, num encadeamento perfeitamente lógico, o emissor passa a encarecer a dificuldade enfrentada por *qualquer autor* que componha para marionetes, terminando por debitar os possíveis defeitos, na interpretação e efabulação, à natureza dos atores – meros bonecos.

No segundo parágrafo, estabelecida a "dificuldade da cômica" num teatro de marionetes, justifica-se o emissor pela presença da frase «menos polida», do "estilo mediano", "doméstico", "que no contexto de semelhantes Obras se requer". Estribado em Horácio, esclarece ao leitor "desapaixonado e douto" que "o estilo doméstico, sem afectação de sublime, a que chamam soco", é próprio da comédia. Como se observa, quanto ao estilo empregado, perfeitamente adequado à matéria, não vê o emissor nenhum erro ou defeito: os versos latinos de Horácio ali estão a autorizar a propriedade da elocução.

O terceiro parágrafo, de caráter recolitivo, volta a excluir do rol de seus leitores "os êmulos, por inimigos, os parciais por afectos e os ignorantes por néscios", e reafirma o propósito de dedicar aquelas "Obras" apenas ao leitor "douto e desapaixonado". Nitidamente conclusivo, trata-se mesmo de um ponto final ao texto.

O quarto parágrafo, a que se ligam as décimas, não só é excrescente, como contradiz, no tom e no conteúdo, o exposto nos três anteriores:

> Bem conheço que nelas acharás muitos defeitos; porém, como não pretendo utilizar-me dos teus aplausos nem singularizar-me nos meus escritos, te peço que nestas obras atendas somente ao desejo que tenho, de agradar-te e vejas não quero outro prémio mais que o que te peço nestas décimas.

Note-se, primeiramente, o tom humildemente servil e modesto que não está presente nos três parágrafos antecedentes. Observe-se, em seguida, a assunção de "muitos defeitos", que não são assumidos ou reconhecidos nos períodos precedentes: a elocução – lembre-se –, de acordo com Horácio, estava perfeitamente adequada à matéria; os possíveis defeitos na fábula e interpretação correm à conta das marionetes, únicas cerceadoras do talento criativo.

Como se vê, estamos não só diante de dois textos distintos, mas diante também de dois *eus* diametralmente opostos: um primeiro *eu* que enuncia com douta altivez e certa arrogância os três parágrafos iniciais e um segundo *eu*, servil e rastejante, responsável pelo parágrafo final e pelas décimas.

O primeiro eu se caracteriza pela ambigüidade: trabalha o discurso de modo a querer sugerir que é o autor das peças, *porém nunca o afirma clara e peremptoriamente*. Jamais diz *minhas obras,* mas sempre *estas obras:* "sentenciarem estas Obras no tribunal de sua crítica"; "só a estes se dirigem estas Obras". Mesmo quando alude às dificuldades que enfrenta um autor de peças para marionetes, não fala de suas dificuldades, mas, num tom geral, das "de quem compõe estas Obras": "Por este motivo, surpreendido muitas vezes o discurso de quem compõe estas Obras, deixa de escrever muitos lances, por se não poderem executar". Por si só este período que encerra o primeiro parágrafo, se bem lido em sua ambigüidade, está exatamente a dizer que outro, uma terceira pessoa – e não este *eu* enunciador do discurso – é o autor das "Obras" que estão sendo dedicadas ao "leitor desapaixonado". Contudo, para que não se afirme que estou a forçar a interpretação de um período, no intuito de provar que o redator deste prefácio não é o autor das peças que dedica a um certo tipo de público, continuemos a desvelar o que se oculta nestas linhas. Adianto apenas que, quanto mais invadirmos o recesso desse texto, mais se desnudará a evidência de que ele não saiu da pena do Judeu.

A ambigüidade continua a permear todo o segundo parágrafo referente ao estilo próprio da comédia: "Saberá o mesmo leitor desapaixonado não desprezar por menos polida a frase que no contexto de semelhantes Obras se requer, pois muito bem conheço que no cómico se precisa um estilo mediano". Ao expor as idéias de Horácio acerca da propriedade e adequação do estilo à matéria, a defesa do "estilo mediano" como próprio da comédia se faz em termos teóricos e gerais: *justifica o "estilo mediano" nas comédias; não se justifica por tê-lo usado.* Por este passo deduzimos que as peças – e não *suas* peças – dedicadas ao "Leitor Desapaixonado" são comédias cuja fábula e elocução estariam sob a égide do magistério horaciano. Esta circunstância, como se verá mais adiante, é extremamente importante, pois por ela o emissor do discurso vai denunciar-se como não sendo o autor das comédias cuja frase "menos polida" defende.

O parágrafo final mantém a tendência de não associar o autor do prefácio às peças que vinham a público. Ao terminar, uma vez mais com a referência a *estas Obras,* elude, como vinha fazendo por todo o texto, a atribuição a si próprio da paternidade das "Obras". O mínimo que se poderá dizer a favor dessa ambigüidade e elusão é que o autor do texto manifesta escrúpulos de apropriar-se das comédias que se ofereciam para o divertimento do público. Só no quarto parágrafo surge um *eu* a assumir a paternidade das peças através de um inequívoco "nos meus escritos" e de umas décimas acrósticas que lhe trariam a assinatura. Este parágrafo final reabre, como já foi visto, um texto findo e concluso, servindo-se de um gancho – os "muitos defeitos" – desconsiderado e não aceito pelo teor das considerações anteriores. Húmile, considerando-se engenho menor que não busca nome "excelente, insigne entre os escritores", julgando bastantes a seu plectro "os aplausos inferiores", o tom soa em tudo oposto ao do *eu* que elaborara os parágrafos antecedentes, nos quais

DE QUEM A AUTORIA DE "AO LEITOR DESAPAIXONADO"?

o objetivo era impor à apreciação e ao justo juízo do leitor douto as "Obras" escritas sob a autoridade horaciana. Contradizendo tão frontalmente o que lhe antecede, trata-se sem dúvida de um adendo não só posterior como de outra mão, cujo intuito é corrigir a ambigüidade das linhas precedentes: assinar com as décimas o texto de "Ao Leitor Desapaixonado", atribuindo a "Antonio Joseph da Silva" a paternidade das "óperas"[7].

EVIDÊNCIAS TAMBÉM DEDICADAS A UM LEITOR DOUTO E DESAPAIXONADO

Em razão do exposto até aqui, defendo a tese de que "Ao Leitor Desapaixonado" não é da autoria de Antônio José da Silva e levanto a hipótese de que outro que não Francisco Luís Ameno é o autor dos três parágrafos iniciais, cabendo ao editor o parágrafo final e as décimas.

"Ao Leitor Desapaixonado" não foi escrito por Antônio José da Silva. Fica difícil crer que o autor das "óperas" não tivesse a menor e mínima consciência de seu próprio trabalho, como o denuncia o parágrafo dedicado à distinção do estilo e da matéria cômicos e trágicos sob as luzes do ensinamento horaciano. As peças enfeixadas no *Teatro Cómico Português* e que se dedicavam ao "leitor douto e desapaixonado" não obedecem ao capítulo da conveniência e propriedade internas ensinadas por Horácio, como o sugere, afetando conhecimento da *Epístola aos Pisões*, o redator do aludido prefácio. É exatamente da desobediência a Horácio que nasce a singularidade das comédias reunidas nos dois tomos que vinham a público. Não é cabível admitir que Antônio José, a explorar em suas peças a metalinguagem e a revelar-se um Dédalo consciente dos labirínticos enredos que criava, não viesse a perceber que, em termos de elocução e fábula, não seguia o credo latino de Horácio. De outro ângulo: a admitirmos a falaciosa idéia de que o Judeu tenha escrito esse prefácio, como explicar que ele queira, junto ao leitor douto, defender a fábula e elocução de suas peças escudado em Horácio, quando elas contrariavam os ensinamentos da *Epístola aos Pisões*? Desta óptica, das duas uma: ou Antônio José – a admitirmo-lo como autor do prefácio – não entendera a *Epístola aos Pisões*, ou quem escreveu as linhas de "Ao Leitor Desapaixonado" não conhecia as peças que

---

7. Claude-Henri Frèches também admite o caráter excrescente e contraditório desta adição, sem contudo explorá-la no sentido que aqui desenvolvo: indício de que dois redatores – e nenhum deles Antônio José – são responsáveis pelo texto de "Ao Leitor Desapaixonado". Chama-lhe a atenção um asterisco – inexistente na edição que compulso – a da Sá da Costa, v. I, com que o editor teria ressaltado o adendo que abrange o quarto parágrafo e as décimas. Cf. Frèches, Introduction au théâtre du Judeu (António José da Silva), *Bulletin d'histoire du théâtre Portugais*, p. 47-48.

dedicava ao público. Acho mais provável a segunda alternativa, pois tal autor revela não ter a menor percepção de que a originalidade das comédias residia na desobediência a Horácio e não na subserviência.

É chegado o momento de trazer novamente à baila o texto de Francisco Luís Ameno, a "Advertência do Colector", para mostrar que o editor tinha consciência dessa singularidade das peças do Judeu – o que não ocorre com quem escreveu três dos parágrafos de "Ao Leitor Desapaixonado".

Ameno chama-nos a atenção para a originalidade das "óperas": "umas Obras que, segundo as leis da composição dramática, são as primeiras que deste gênero se tem escrito no nosso idioma". Chega, inclusive e muito significativamente, a enumerar vários cultores do gênero dramático no século XVI português, sem distinção do popular e do clássico, como a sugerir que Antônio José sobrepujava a todos por fundir ambas as tendências e veios. Dentre as qualidades que distinguem o Judeu dos predecessores, Ameno alude ao joco-sério, tocando assim em ponto nevrálgico da comediografia de Antônio José, que explora, fundindo-os, ingredientes cômicos e trágicos. Tanto no âmbito da elocução como no da fábula sua comediografia abate as dimensões e alturas do *coturno* às palmilhas rasteiras do *soco*. Seja reduzindo as "acções e obras heróicas de príncipes" e deuses a "enredos feminis e acções amorosas", seja pondo-lhes na boca ou uma contrafação do "estilo sublime e elevado" ou, no caso dos *graciosos,* o "estilo mediano" com "afectação de sublime".

Francisco Luís Ameno, referindo-se de passagem ao joco-sério que anima as peças do Judeu, manifesta consciência de que a singularidade do comediógrafo reside em opor-se à distinção horaciana. Ou Ameno é profundamente incoerente, desdizendo-se na "Advertência do Colector" ou não é o autor das considerações que, em "Ao Leitor Desapaixonado", submetiam Antônio José ao magistério da *Epístola aos Pisões*. Os argumentos aqui oferecidos levam-me a crer na segunda alternativa.

Se ainda não forem bastantes, trago-lhes mais um. No longo período que abre a "Advertência do Colector", diz Ameno:

> Leitor, foi tão grande o aplauso e aceitação com que foram ouvidas as óperas que no Teatro Público do Bairro Alto de Lisboa se representaram desde o ano de 1733 até o de 1738, que, não satisfeitos muitos dos curiosos com as ouvirem cotidianamente repetir, passavam a copiá-las, conservando ao depois estas cópias com uma tal avareza, que se faziam invisíveis para aqueles que desejavam na leitura delas, uns apagar o desejo de as lerem pelas terem ouvido, outros renovar a recreação com que no mesmo teatro as viram representadas.

O que se lê aí? Que as "óperas" atribuídas ao Judeu e representadas no Teatro Público do Bairro Alto, isto é, um teatro de marionetes, causaram sucesso, conquistando um público ávido por,

DE QUEM A AUTORIA DE "AO LEITOR DESAPAIXONADO"?   101

através da leitura, "renovar a recreação" de tê-las visto encenadas. Havia, pois, um público que se habituara a – e gostara de – ouvir as facécias do Judeu representadas por bonecos. Um público que poderia não conhecer as horacianas distinções entre so*co e coturno,* mas com certeza não haveria de estranhar ou "desprezar por menos polida a frase que no contexto de semelhantes Obras se requer" ("Ao Leitor Desapaixonado"). Deste ângulo, não se justifica venha o autor dos três parágrafos iniciais de "Ao Leitor Desapaixonado" encarecer a dificuldade de se compor para marionetes, tidas no prefácio como cerceadoras do talento e da efabulação. Tampouco se justifica venha acudir a estranheza do leitor frente ao "estilo mediano" ou "doméstico" da comédia. Na verdade, bem lido o passo referente à elocução – "Saberá o mesmo leitor desapaixonado não desprezar por menos polida a frase que no contexto de semelhantes Obras se requer, pois muito bem conheço que no cómico se precisa um estilo mediano" –, nota-se que a estranheza reside, de fato, no autor do prefácio, procurando justificar que aquelas peças, que tem o encargo de oferecer ao público, infelizmente sejam comédias e por isso apareçam pobremente calçadas de *soco.* Quero dizer com isso que o redator dos três parágrafos iniciais de "Ao Leitor Desapaixonado" se dirige a um outro público que não o do Judeu, e referido por Ameno na "Advertência do Colector". Um outro público, não porque "douto e desapaixonado", mas porque desabituado a ver comédias encenadas por marionetes. Não era, evidentemente, este o público prioritariamente visado por Ameno, cuja "Advertência" é clara no seu propósito de renovar a recreação do já visto. O autor desta parte de "Ao Leitor Desapaixonado", além de revelar preconceitos contra a comédia, em sua óptica um gênero menor, tem por alvo um público de "óperas sérias", talvez só habituado ao co*turno,* daí estranharem *o soco,* e a intérpretes de carne e osso, daí o encarecimento da dificuldade cômica

em um teatro donde os representantes se animam de impulso alheio, donde os afectos e acidentes estão sepultados nas sombras do inanimado, escurecendo estas muita parte da perfeição que nos teatros se requer, por cuja causa se faz incomparável o trabalho de compor para semelhantes interlocutores; que, como nenhum seja senhor de suas acções, não as podem executar com a perfeição que devia ser.

À luz destas considerações proponho que o redator dos três parágrafos iniciais de "Ao Leitor Desapaixonado" é autor de "óperas sérias", encenadas por atores de carne e osso, e que teria recebido a incumbência, dada possivelmente pelo editor (Ameno), de compor a apresentação das peças do Judeu. Note-se que o redator de parte deste prefácio, ao caracterizar o leitor desapaixonado como "sem afecto ao autor da obra, sem inclinação ao da música, sem conhecimento do arquitecto da pintura" refere-se ao libretista, ao músico e ao cenógrafo, demonstrando familiaridade com o triunvirato criativo da ópera. Observe-se ainda como lhe causa estranheza a dificuldade que representa compor para bonecos, refratários à perfeição interpretativa (exteriorização fisionômica, gestual e corporal das emoções) "que nos teatros se requer", pois, "como nenhum seja senhor de suas acções, não as podem executar com a perfeição que devia ser". Sublinhe-se, por fim, o fato de ver na natureza dos bonifrates um empecilho aos lances ideados para a fabulação, além de preocupar-se com a verossimilhança ao conceber a representação como "uma imitação dos sucessos que naturalmente acontecem".

Ora, as peças enfeixadas no *Teatro Cómico Português* foram compostas por quem, explorando exatamente a liberdade de movimentação vertical e horizontal dos bonifrates, não via no "inanimado" dos bonecos um estorvo para os lances da efabulação. As peças ali reunidas são obra de quem não estava preocupado com nuances ou profundidades psicológicas, nem tampouco com a verossimilhança, pois no teatro do Judeu a fábula e os qüiproquós, chegando às raias do absurdo, não são a "imitação dos sucessos que naturalmente acontecem". Em suma, o *Teatro Cómico Português* reunia comédias de um autor perfeitamente consciente de que criava para bonifrates, sabendo por isso mesmo explorar-lhes as limitações em benefício de uma comicidade sem peias nem fronteiras. Um comediógrafo para quem o "estilo mediano", *o soco,* subindo na plataforma do *coturno* graças à "afectação do sublime", era expediente altamente cômico.

A QUEM DE FATO E DE DIREITO

Findo o percurso das razões defendidas neste tribunal de Bizâncio, impõe-se recolher as conclusões. Antônio José da Silva pode muito bem ser considerado autor das peças reunidas nos dois tomos do *Teatro Cómico Português*. Se, por um lado, nada há que infirme essa suposição, por outro, o papel e o testemunho de Ameno, como depositário e editor das peças do Judeu, pautados em linhas de honestidade e correção, merecem crédito. A "Dedicatória à Mui Nobre Senhora Pecúnia Argentina", estampada (recorde-se) originalmente em 1737 na edição de *Guerras do Alecrim e Manjerona* saída pela "Officina de Antonio Isidoro da Fonseca", tanto por expor a visão de um autor de comédias como por explorar expedientes cômico-estilísticos recorrentes em sua comediografia joco-séria, também pode ser atribuída à inventiva e pena de Antônio José da Silva.

Quanto "Ao Leitor Desapaixonado", os três primeiros parágrafos pertencem a um outro dedo apócrifo que não o de Ameno, cabendo a este apenas a autoria do último parágrafo com as décimas acrósticas – um adendo cujo intuito de atribuir as "óperas" a Antonio

DE QUEM A AUTORIA DE "AO LEITOR DESAPAIXONADO"? 103

José da Silva, o Judeu, explorava motivos caros à sua comediografia, tais como disfarce, a apropriação indevida do nome e identidade alheios. Mais um índice de que o universo dramático contido nos dois tomos do *Teatro Cómico Português* não era estranho ao editor. Como o era para quem, talvez incumbido de redigir o prefácio de apresentação das "óperas", não conseguiu ocultar nos três parágrafos de sua equivocada *captatio benevolentiae* as evidências da apocrifia.

REFERÊNCIAS BIBLIOGRÁFICAS

BARATA, José Oliveira. *António José da Silva*: criação e realidade. Coimbra: Editora do Serviço de Documentação e Publicações da Universidade de Coimbra, 1983-1985. 2 v.

BORQUE, José Maria Díez. El Autor de Comedias: director de la Companía. In: _____. *Sociedad y Teatro en la España de Lope de Vega*. Barcelona: Antonio Bosch, 1978.

FRÈCHES, Claude-Henri. *António José da Silva et l'Inquisition*. Paris: Fondation Calouste Gulbenkian, 1982.

_____. Introduction au théâtre du Judeu (António José da Silva). *Bulletin d'histoire du théâtre Portugais* (Lisbonne). v. 1, n. 1. 1950.

SILVA, António José da (O Judeu). *Obras Completas*. Prefácio e notas do prof. José Pereira Tavares. Lisboa: Sá da Costa, 1957. 4 v.

_____. *Guerras do Alecrim e Manjerona*. Rio de Janeiro: Biblioteca Reprográfica Xerox, 1987. Fac-símile da edição de Antonio Isidoro da Fonseca.

SILVA, Inocêncio Francisco da. *Dicionário Bibliográfico Português*. Lisboa: Imprensa Nacional, 1859, v. 11.

A Vida é Sonho? A Vida é Circo:

teatro e identidade
em Antônio José da Silva

*Patrícia da Silva Cardoso**

O prólogo de *Vínculos do Fogo* abre-se com o seguinte comentário:

> Da Silva, Antônio José. Nome de anônimo, heterônimo de joão-ninguém, homônimo da multidão. Diferença é o ferrete da alcunha póstuma: *Judeu.*
> Da Silva. Complemento coloquial de adjetivos – doidinho da Silva, desgraçadinho da Silva. O mais prosaico dos sobrenomes e apelidos converteu-se, por artes do idioma, em garantia de qualidades[1].

Nesta obra, Alberto Dines se dedica a recuperar a imagem e as relações de Antônio José da Silva com o contexto marrano, não na tentativa de conferir uma identidade precisa ao autor, mas sim de dar visibilidade à sua trajetória. Tal esforço tem como ponto de apoio a origem de Antônio José. Para dar sentido à sua história, o que, no contexto de *Vínculos do Fogo*, equivale a transformar o joão-ninguém em alguém, é preciso identificá-la com outras histórias, num movimento paradoxal pelo qual a singularização que a alcunha de "judeu" representa transforma-se em índice de igualdade. Para saber quem foi este judeu, faz-se necessário conhecer toda uma rede de vidas judias que aqui e ali se parecem com aquela vida singular, que com ela se cruzam e a ela se sobrepõem. O resultado de tal movimento é a mudança de cenário. Depois de se conhecerem todas aquelas vidas, para um traço distintivo não mais será suficiente chamar de judeu aquele

---

*. Departamento de Letras da Universidade Federal do Paraná, Curitiba, Brasil.
1. A. Dines, *Vínculos do Fogo*, p. 21.

indivíduo. Afinal, ele será um entre tantos. A sua singularidade, a sua marca, precisará, então, ser buscada em outra parte.

O livro de Alberto Dines resgata o mundo em que viveu o autor. Resgata uma parte importante da sua história, ao mesmo tempo em que aprofunda o tenso limite que separa a sua experiência pessoal daquilo que foi uma realidade compartilhada por uma parcela significativa da coletividade portuguesa. Por este movimento, que vai da igualdade à distinção e nunca parece ter fim, tem-se a medida da dificuldade de Antônio José para se equilibrar entre os dois pólos, e, não é difícil imaginar que alguém como ele enfrentasse uma dificuldade a mais quando se defrontava com a eterna pergunta filosófica: "quem sou eu?". A resposta para tal pergunta resvalará sempre na necessidade de equilibrar o movimento, para, talvez, fugir da falta completa de identidade, experiência que de maneira precisa é registrada no poema de Sá-Carneiro:

> Eu não sou eu nem sou o outro,
> Sou qualquer coisa de intermédio:
> Pilar da ponte de tédio
> Que vai de mim para o Outro[2].

Não é preciso dizer que na vida Antônio José não teve qualquer possibilidade de chegar ao equilíbrio, já que a sua identidade lhe chegou sempre de fora. Ele foi cristão, marrano, judeu, de acordo com a situação em que se achava, de acordo com o que achavam dele. Restou cavar a identidade fora da vida. Foi, então, na sua obra teatral que o autor pôde, numa liberdade sempre vigiada, dedicar-se à sua busca. Note-se que não se trata aqui de dizer que ler a obra de Antônio José é conhecer essa identidade biográfica, negada por fatores alheios à sua vontade. Não. O que se vê em sua obra é o esforço de alguém para representar, justamente, uma experiência de anulação da identidade e, em seguida, tirar, do fundo do nada em que se é transformado, um ser humano completo, dono de si mesmo. Trágica situação que, no entanto, não será apresentada tragicamente por este judeu. Será a comédia o modelo escolhido por ele para chegar ao poço sem fundo que é o seu tema. Talvez por isso tenha sido necessário voltar a ele tantas vezes.

Em um artigo intitulado "Antônio José", Machado de Assis insiste que a obra daquele autor, principalmente por carregar nos elementos cômicos, passa longe do interesse pela reflexão acerca do contexto cultural em que foi escrita:

> A alma de todas elas [as peças] não é grande; vive-se ali de enredo e de aparato. Se ao poeta foi estranha a invenção dos caracteres e a pintura dos vícios, não menos o foi a transcrição dos costumes locais. Salvo o *Alecrim e Manjerona*, todas as suas peças são inteiramente alheias à sociedade e ao tempo; [...]. Ao contrário, a intenção quase

2. Mário de Sá Carneiro, 7, em *Obra Completa*, p. 82.

A VIDA É SONHO? A VIDA É CIRCO 107

exclusiva do poeta era a galhofa, e tal galhofa que transcendia muita vez as raias da conveniência pública[3].

A leitura de Machado é, em parte, tributária da clássica idéia de que a comédia é um gênero menor e, portanto, não pode ser um bom veículo para tratar de assuntos complexos de modo aprofundado. Para ele, além disso, falta a Antônio José maior interesse em voltar-se sobre tais assuntos.

Curiosamente, a partir destas considerações, que passam longe da lisonja e têm por objetivo evitar que se transforme a simpatia pelo autor em supervalorização da sua obra, é possível identificar a contribuição de Antônio José para a constituição de um modelo de teatro que está acima da divisão entre o cômico e o trágico, um modelo que, mesmo contendo elementos da "galhofa que transcende muita vez as raias da conveniência pública", não se contenta em satisfazer o espectador com o que está na superfície do espetáculo, aguilhoando-o de tal forma que a dor o persegue até a casa e ainda o atormenta muito tempo depois da peça terminada.

É o que acontece no *Anfitrião*, obra cujo tema é perfeito para se exemplificar o que aqui vem sendo dito sobre o interesse de Antônio José pela questão da identidade. Como se sabe, trata-se de um enredo desenvolvido em torno da apropriação e, por conseguinte, expropriação da identidade de alguém. Entre os antecessores do autor na escolha do tema estão Plauto, Camões e Molière. A eles interessa o rendimento cômico das confusões advindas do roubo da identidade de Anfitrião por Júpiter e de Sósia por Mercúrio. Molière, para aumentar a graça, acrescenta à trama uma personagem feminina que, fazendo par com o criado do protagonista, serve para criar uma situação paralela àquela vivida por Anfitrião e Alcmena. Se, por um lado, o fato de Antônio José acompanhar Molière neste passo indica o seu interesse pelo cômico, por outro a sua escolha por levar a confusão ao extremo de introduzir no enredo a prisão do protagonista – e o sofrimento físico e psicológico que daí deriva – cria um contraponto que impede o espectador de ver a usurpação da identidade como uma brincadeira inconseqüente.

Na cena VI da Parte II, Saramago, o criado de Anfitrião, é o primeiro a conhecer as instalações do cárcere. Acostumado a uma vida de privações, não deveria ele espantar-se com o que encontra, mas não é o que acontece: "Mas ai de mim, Saramago! Aonde estou eu? Oh, quem me dissera que, escapando de uma oliveira, viesse a parar em um limoeiro!"[4]. Logo o personagem é cercado pelos companheiros de cela, que querem fazer com ele o mesmo de que são vítimas. No diálogo que trava com eles, em que o jogo de palavras a que se entrega – no qual

---

3. J. M. Machado de Assis, Antônio José, em Antônio José da Silva, *A Vida de Esopo e Guerras do Alecrim e da Manjerona*, p. 162-163.
4. A. J. da Silva, *Obras Completas*, p. 210.

entram os termos "fazer assento" e "estar patente" – enfurece os companheiros, ficam evidenciadas as conseqüências amargas da brincadeira:

1.º Preso: Para que mentes? Aonde te fizeram o assento?
Saramago: Aqui. Vossas mercês não o vem? (*aponta para trás*).
2.º Preso: É bem desaforado o magano!
1.º Preso: Já que esse é o assento, nós lho faremos mais bem feito com quatro bate-cus.
2.º Preso: Isso é; suba à polé e de lá nos pagará a patente também; olhe para ela bem.
Saramago: Irra! Agora isto é mais comprido. Senhores meus, por minha vida, que eu não nego o patente, que o patente é cousa que se não pode esconder.
1.º Preso: É para que também não fale com tanta liberdade.
Saramago: Que liberdades pode falar quem a não tem?[5]

Saramago, como bom criado de comédia, é manhoso, qualidade que lhe serve de escudo contra todo o tipo de mal que está sempre a rondá-lo. A lábia é a sua única riqueza, o seu instrumento de sobrevivência. No cárcere, a sua vida de privações fica completa, já que ali nem ao exercício da lábia ele tem direito. No cárcere não é possível enganar o horror da vida com a brincadeira. Ele se impõe, na medida em que não deixa espaço sequer para o diálogo, para a palavra de defesa. E esse é um horror que ameaça tomar conta de tudo, já que nem mesmo o nobre escapa de ser preso. Também o protagonista é condenado à prisão. Dentro dela, registra a sua indignação, dizendo: "para que me usurpais com impiedade o crédito, a esposa e a liberdade?"[6] É como vítima do descrédito que se coloca, como alguém cuja palavra não é aceita, mesmo sendo ele quem é. Nesse ponto da história a desgraça é tamanha que não há vislumbre de alento em nenhuma parte. Anfitrião está só, desamparado:

> Oh que tormento bárbaro
> Dentro do peito sinto!
> A esposa me desdenha;
> a Pátria me despenha
> e até o Céu parece
> que não se compadece
> de um mísero penar.
> Mas, ó deuses, se sois deuses,
> Como assim tiranamente
> A este mísero inocente
> Chegais hoje a castigar?[7]

Diante de tamanha injustiça humana, passa a duvidar da natureza superior dos deuses que não impedem a sua desgraça, ampliando, mais uma vez, o sentido das palavras de Alcmena, junto com quem, na cena anterior, clamou por justiça:

5. Idem, p. 212.
6. Idem, p. 213.
7. Idem, p. 214.

A VIDA É SONHO? A VIDA É CIRCO 109

Alcmena: Justos deuses, porque não vos compadeceis de mim, que sou uma inocente?
Anfitrião: Deuses justos ou injustos, porque consentis tão bárbara injustiça?[8]

No melhor estilo trágico, vemos aqui o herói passar da felicidade à infelicidade. Mas não é só ele o digno da compaixão do espectador. Tal compaixão ele a vai distribuir em doses iguais entre Anfitrião e Saramago, entre quem é de alta e quem é de baixa condição. Ambos são apresentados como seres humanos a quem o mal atinge da mesma maneira, provocando os mesmos estragos. Mas, como sabemos, dada a predileção de Antônio José pela comédia, não é da aceitação do destino que trata a peça, é de sobrevivência, de superação da adversidade.

Nesse ponto, a comédia de Antônio José em nada se parece com as divinas comédias de um Calderón, para quem é fundamental ter consciência da pequenez humana, dos seus limites, da brevidade da vida, para, assim, trilhar o caminho do bem, tendo em mente o que está mais além, a vida eterna. A justiça divina, diz o Judeu nesta peça, não é confiável, e é preciso garantias de que a justiça humana cumpra o seu papel, impedindo que a um homem consinta-se que lhe seja tirada a sua humanidade mas não a sua dor – como acontece com Saramago, ao ser transformado em oliveira. Invertendo a lógica de Calderón, o que a obra de Antônio José parece indicar é que só é possível haver justiça na eternidade se ela existir na temporalidade.

Quando se olha nessa perspectiva, vê-se que não é feita de sonho a natureza da vida, mas de circo, não um circo qualquer, mas o circo total, o circo em que a beleza da maravilha esconde muita crueldade. Nela o improvável, o bizarro, o medonho, o assustador dão as cartas e é preciso estar atento ao jogo, para mudá-lo no instante propício. Assim é que nas *Guerras do Alecrim e Mangerona* o criado, o joãoninguém por excelência, passa a dominar a cena. Afinal, acostumado como está com a desgraça, é ele o que está mais bem preparado para salvar o dia e o mundo de qualquer tragédia. Em Semicúpio, o criado em questão, é depositada a confiança dos patrões para que se resolva um caso de amor e perseguição. A sua primeira providência é mudar de pele, assumindo a de um juiz, uma autoridade legítima. Investido dessa autoridade, o criado leva a pendenga a bom termo e, uma vez que tudo está resolvido, faz questão de registrar:

Semicúpio: Aliás, que um Semicúpio sabe fazer possíveis as maiores dificuldades. Aí tem, senhor D. Gilvaz, o seu bem de portas a dentro! Tenho cumprido a minha palavra; e, se não está bem servido, busque quem o faça melhor[9].

A vitória de Semicúpio e do seu método é representativa da idéia de que a vida justamente vivida não implica em aceitar o que vai pelo

8. Idem, p. 207.
9. Idem, *Guerras do Alecrim e Mangerona*, p. 155.

110 O TEATRO NO SÉCULO XVIII

mundo, neutralizar os efeitos negativos da injustiça com o argumento de que é preciso ter consciência de que tudo muda e acaba. Não implica em recusar o mundo. Implica, sim, em fundá-lo, tornando possível o impossível, como só no circo se pode ver. O impossível tornado possível é não haver luta, para que não haja ganhadores nem perdedores, apenas a paz. É esta a principal vitória de Semicúpio: a declaração do fim da guerra. Os termos da paz, como ele os apresenta, não podiam ser melhores:

> Semicúpio: [...] e, pois estou feito juiz, pela autoridade que tenho declaro que ambas as plantas venceram o pleito, *pois cada uma fez quanto pode*. [...]
> Todos: Pois viva o alecrim e viva a mangerona!
> Semicúpio: E viva todo bicho vivo!
> D. Lançerote: Vivamos todos, meu sobrinho.
> D. Tibúrcio: Essa é a verdade[10].

Como se vê, pela comédia se celebra a vida, mas não necessariamente a vida vivida sem consciência. Pelo riso se pode desatar o nó que provoca o choro. Pelo riso Antônio José fez-se alguém, saiu do nada em que havia sido encalacrado. Nem sempre esse seu gesto em direção à conquista da identidade foi compreendido. Talvez porque quisesse essa compreensão mais do que a declarou, o mesmo Machado, que lançou um olhar crítico à sua obra teatral, cheio de respeito e melancolia, alçou-o a tema da sua poesia:

> Antônio, a sapiência da Escritura
> Clama que há para a humana criatura
> Tempo de rir e tempo de chorar,
> Como há um sol no ocaso, e outro na aurora.
> Tu, sangue de Efraim e de Issacar,
> Pois que já riste, chora[11].

Antônio José não chora. Continua a rir com todo aquele que, por compreender a sua obra, ri com ele. Viva Antônio José.

REFERÊNCIAS BIBLIOGRÁFICAS

DINES, Alberto. *Vínculos do Fogo*: Antônio José da Silva, o Judeu e outras histórias da Inquisição em Portugal e no Brasil. São Paulo: Companhia das Letras, 1992.

MACHADO DE ASSIS, Joaquim Maria. Antônio José. In: SILVA, António José da. *A Vida de Esopo e Guerras do Alecrim e da Manjerona*. Rio de Janeiro: Civilização Brasileira, 1957.

---

10. Idem, p. 158.
11. J. M. Machado de Assis, Antônio José (21 de Outubro de 1739), em *Obras Completas*, p. 162.

A VIDA É SONHO? A VIDA É CIRCO

_____. Antônio José (21 de outubro de 1739). In: _____. *Obra Completa*. Rio de Janeiro: Nova Aguilar, 1992.

SÁ-CARNEIRO, Mário de. 7. In: _____. *Obra Completa*. Rio de Janeiro: Nova Aguilar, 1995.

SILVA, António José da. *Obras Completas*. Lisboa: Livraria Sá da Costa, 1958, v. 2.

_____. *Guerras do Alecrim e Mangerona*. Lisboa: Seara Nova, 1980.

Antônio José
e seu Diálogo Intertextual

*Flávia Maria Corradin**

PRELIMINARES

Como é de conhecimento daqueles que se debruçam sobre a obra de Antônio José da Silva, sua carreira dramática legou-nos oito peças, encenadas no teatro do Bairro Alto, em Lisboa, entre 1733 e 1738.

Enfeixadas em dois volumes do *Teatro Cómico Português*, editados em 1744, por Francisco Luís Ameno, estando já o comediógrafo morto, contam-se os seguintes títulos: *A Vida do Grande Dom Quixote de la Mancha e do Gordo Sancho Pança* (1733); *Esopaida ou a Vida de Esopo* (1734); *Os Encantos de Medeia* (1735); *Anfitrião ou Júpiter e Alcmena* (1736); *Labirinto de Creta* (1736); *Guerras do Alecrim e Mangerona* (1737); *Precipício de Faetonte* (1737); *As Variedades de Proteu* (1738). Depois do excelente estudo acerca da obra de Antônio José, do prof. dr. José Oliveira Barata, parece ter ficado comprovado que não é da autoria do Judeu a peça não datada que, escrita em espanhol, teria sido atribuída ao comediógrafo por Claude-Henri Frèches. Trata-se de *El Prodigio de Amarante*.

O exame dos títulos das óperas escritas por Antônio José da Silva revela que, exceção feita a *Guerras do Alecrim e Mangerona*, cujo tema foi baseado na realidade setecentista portuguesa, todos os outros títulos remetem a fontes mitológicas ou literárias. Impôs-se, assim, o estudo da comediografia de Antônio José da Silva sob a ótica da

---

* Departamento de Letras Clássicas e Vernáculas, Faculdade de Filosofia, Letras e Ciências Humanas, USP, São Paulo, Brasil.

O TEATRO NO SÉCULO XVIII

intertextualidade, uma vez que suas "óperas" dialogam com paradigmas literários ou mitológicos.

A intertextualidade parece-nos, portanto, caminho promissor para a análise da obra de Antônio José. Resolvemos trilhá-lo, limitando, contudo, o campo de nossa incursão. Esta conversa mover-se-á em torno do exame da ópera *Anfitrião ou Júpiter e Alcmena* frente a três irrefutáveis paradigmas: o *Anfitrião*, de Plauto (séculos III ou II a.C.), a *Comédia dos Anfitriões,* de Camões (1587), e o *Amphitryon* molieresco (1688).

Antes pois de invadirmos as páginas do Judeu frente aos paradigmas arrolados, talvez devêssemos tocar em algumas idéias relativas à teoria da intertextualidade.

EM TORNO DA INTERTEXTUALIDADE

Para tanto, partimos da definição de Literatura proposta pelo prof. Massaud Moisés em seu *Literatura: Mundo e Forma*, para quem a Literatura consiste "na expressão dos conteúdos da imaginação, por meio de metáforas ou palavras polivalentes"[1]. Estes "conteúdos da imaginação" têm como parâmetro a realidade em que vive determinado escritor. Se pensarmos que cabe às ciências o difícil papel de reproduzir a realidade tal qual ela se apresenta, inferimos que a existência da metáfora, aliada à realidade, é condição *sine qua non* para que se processe a Literatura, pois cabe a ela organizar, através de um processo de seleção ou limitação, o caos que é a realidade de qualquer tempo. Conforme o mesmo crítico, "a metáfora, por funcionar como filtro, determina uma limitação na realidade"[2]. Assim sendo, a linguagem metafórica, de um lado, reflete determinada realidade, de outro, a refrata.

Ainda acompanhando o pensamento do prof. Massaud Moisés, temos que "por ser filtrada ou transmutada pela imaginação, a totalidade do real sofre distorção para adquirir forma; a realidade como tal não se transpõe, porque são incompatíveis o discurso da Natureza e o da Literatura"[3]. Assim, na tradução das metáforas contidas no texto literário, há "o diálogo de mútua dependência entre o sujeito do texto literário e o leitor", pois "sem o leitor o texto não fala"[4]. O universo literário torna-se, portanto, dialético, na medida em que, de um lado, se constrói a partir da realidade; de outro, vê a realidade transmutada pela imaginação.

Considerando sob outra ótica, temos, no texto literário, uma realidade nova – a literária –, como tal, também passível de ser imitada

1. M. Moisés, *Literatura: Mundo e Forma*, p. 13.
2. Idem, ibidem.
3. Idem, p. 26.
4. Idem, p. 27.

ANTONIO JOSÉ E SEU DIÁLOGO INTERTEXTUAL

ou, se quisermos, capaz de ser alvo da mimese. É o que acontece quando pensamos em intertextualidade, conceito batizado por Julia Kristeva, que "traduziu" para o Ocidente aquilo que já era matéria entre os formalistas russos: "todo texto se constrói como mosaico de citações, todo texto é absorção e transformação de um outro texto. Em lugar da noção de intersubjetividade, instala-se a de intertextualidade e a linguagem poética lê-se pelo menos como dupla"[5].

Definida por Massaud Moisés como a "convergência de vários textos anteriores – modalidades do real – no espaço do texto novo"[6], a intertextualidade é, pois, o domínio em que se processa a mimese – livresca e em segundo grau – da realidade literária.

Paródia, estilização e paráfrase serão, portanto, modos de promover a intertextualidade. O objetivo agora deixa de ser o universo do real, para ser o universo das palavras – que não nos ouça Fernando Pessoa. Estamos tratando, pois, de uma imitação; porém, na esteira de Horácio, temos uma "imitação de segunda mão", já que a realidade a ser imitada faz parte de um mundo novo recriado pelo homem – a realidade literária. Resta-nos, para pôr fim a essas considerações, uma pergunta: por que determinado escritor, ao invés de debruçar-se sobre a realidade à sua volta, sente necessidade de fazê-lo sobre a realidade de papel constituída pelas bibliotecas de outrora, e mais, por que se volta para a vida e obra de um autor do passado?

Diante da realidade livresca legada pela tradição literária – ou, no caso que nos interessa por ora, filosófica –, a atitude desses autores que se entregaram ao diálogo intertextual será sempre crítica. O mundo construído por determinado modelo deve, por questões de vária ordem, ser negado, ou superado, ou confirmado, ou revisto. Aquele mundo de papel precisa ser destruído, ou emulado, ou repetido. Para tanto, nada melhor do que se inserir nele para poder aniquilá-lo, ou transformá-lo, ou revê-lo, ou reafirmá-lo.

O vasto campo abrangido pela questão da intertextualidade acarreta problemas que carecem de tratamento, se não científico, ao menos cuidadoso. Quando se trata de estudar as fontes de determinada obra ou autor, imediatamente pensamos no trabalho árduo e minucioso que representa o confronto desse texto com os que o precederam. Cremos ser desnecessário afirmar que em qualquer obra ressoam e repercutem outras que a antecederam Todo texto pertence a um homem que, mais ou menos, possui, mesmo que arquetipicamente, uma biblioteca na memória. Portanto, lobrigar o espectro de outros autores e textos num determinado volume não significa necessariamente que tais autores e textos, transcendendo à mera condição de fonte(s), se tenham erigido em paradigma da obra. A intertextualidade aí ressoante não implica a

5. J. Kristeva, *Introdução à Semanálise*, p. 64.
6. M. Moisés, op. cit., p. 76.

intencional atitude mimética por parte do artista. Reconhecer influências ou precedências, mais ou menos marcantes, em determinada obra pode não passar de mera (e in-intencional) repercussão do gosto e da tendência deste autor e/ou de sua época. O volume resultante obedece às reflexões de seu autor acerca da realidade, a qual, para ser organizada, se necessitou da utilização de medidas inéditas, não descartou, contudo, a oníimoda tradição cultural que a precedeu.

O mesmo não acontece quando pensamos em paradigma literário, histórico ou filosófico, já que o paradigma, por definição, é um modelo a ser seguido. Sob esta perspectiva, percebemos que a atitude por parte do autor difere frontalmente da que acabamos de descrever, uma vez que, além de toda a tradição cultural remanescente em sua memória, há a deliberada intenção de ter determinada(s) obras(s) como objeto(s) de seu texto. O autor B pretende escrever tendo como parâmetro certa(s) obra(s) do autor A, ou de vários autores ou mesmo a vida do autor A.

O ponto de partida parece-nos distinto, na medida em que não podemos mais falar de mero ressoar in-intencional de vozes, pois os objetivos diferem. Enquanto lá o resultado é uma obra que se pretende original, imune, na medida do possível a débitos e influxos literários, aqui a originalidade reside, paradoxalmente, na imitação, no tratamento dispensado, por certo autor, a determinado(s) textos(s) que lhe serve(m) de modelo ou mote.

É a este domínio da intertextualidade que se vota nosso estudo: quando a exploração paródica, estilizadora e mesmo parafrásica de paradigma(s) literário(s) é intencional. Portanto, caracterizar este tratamento, assim como o porquê de sua utilização, é tarefa que nos seduz e intentamos levar a cabo confrontando *O Anfitrião* de Antônio José com seus paradigmas.

Algumas noções parecem-nos básicas para a formulação da teoria acerca da paródia. A primeira diz respeito à dessacralização de um determinado modelo que, conhecido e aceito pela sociedade, é iconoclastamente atingido por um novo texto dito paródico. Decorrente dessa primeira noção temos que a paródia, como tal, só existe se o leitor identificar o modelo, percebendo o caráter denegatório proposto pelo segundo texto. A intencionalidade do autor é, portanto, condição primordial para que a forma paródica se constitua; por outro lado, atribuir-lhe sentido paródico cabe ao leitor, já que quem lê detém a capacidade de reconhecer no texto B – a paródia – elementos constitutivos do texto A – o modelo paradigmático. Deste modo, percebe-se que a tarefa do leitor aumenta de importância, na medida em que é ele que se torna responsável, de fato, se não pela existência do segundo texto, ao menos pela classificação atribuída a ele. Tarefa difícil esta, já que o caráter elitista da literatura intensifica-se. O fenômeno literário, como um todo, deve e pode ser lido de acordo com a capacidade

ANTONIO JOSÉ E SEU DIÁLOGO INTERTEXTUAL

intelectual de quem o lê, isto é, o leitor A pode decifrar o universo metafórico da obra de arte literária, atribuindo-lhe níveis diversos. O leitor privilegiado lê determinada obra considerando-a numa relação dialógica com as outras obras que a precederam. É uma leitura de certo modo intertextual, porque a vê como produto histórico-artístico. Outro leitor, menos apetrechado intelectualmente, percebe-lhe apenas as relações superficiais mantidas com a sociedade à sua volta. Este segundo leitor, portanto, não pode reconhecer o nível em que se processa o diálogo intertextual de uma obra ou, se pode, nos casos em que o paradigma é de conhecimento geral, não pode deslindar esta atitude dessacralizadora proposta pela obra paródica. Podemos considerar, pois, a paródia uma expressão artística elitista ao extremo, porque, implicando a negação de um mito – o paradigma – exige do leitor uma dose de (in)formação literária:

In some ways, parody might be said to resemble metaphor. Both require that the decoder construct a second meaning through inferences about the surface and suplement the fore ground with acknowledgement and knowledge of background contest[7].

Notamos, desse modo, outra característica da paródia: ela só existe para denegrir mitos artísticos de uma determinada época. Uma questão deve ser considerada: não poderia qualquer obra ser alvo de uma construção paródica? Em princípio sim, porém não é o que acontece, pois o ser humano, e mais o ser humano que é artista, precisa do reconhecimento público. Como ele irá escolher seu modelo entre as obras que não caíram no domínio do comum das gentes? Por isso, "works are parodied in proportion to their popularity"[8].

A idéia de emulação de modelo(s) parece estar contida na própria etimologia do termo "paródia", quer seja na acepção de "canto contrário", quer na de "canto paralelo". No primeiro caso, temos um modelo A (=*ode*), que tem um ou vários de seus elementos constitutivos negados, ou melhor, contrariados (=*para* = contra).

Portanto, o nível paródico escolhido também faz parte da intencionalidade do autor, ou de sua capacidade de desmistificar seu paradigma.

É consabido que um determinado conteúdo deve ser expresso por meio de uma determinada forma. Não aceitamos, pois, a idéia defendida por certos autores de que a paródia se restrinja exclusivamente ao nível da forma. A relação forma/conteúdo deve ser considerada sempre que pensarmos na questão da paródia. Toda gênese

7. L. Hutcheon, *A Theory of Parody*: the teachings of twentieth-century art forms, p. 33-34. "Em alguns casos a paródia pode aproximar-se da metáfora. Ambas requerem que o leitor/decodificador construa um segundo sentido a partir de inferências sobre o sentido aparente e que complete o primeiro plano com o reconhecimento e a compreensão daquilo que só se insinua num segundo plano" (trad. da org.).
8. Idem, p. 57. (Obras são parodiadas na proporção de sua popularidade.)

da teoria da paródia, da estilização e mesmo da paráfrase parece estar no tipo de relação que se estabelece entre a forma do modelo e a forma do intertexto, entre o conteúdo do paradigma e o obtido posteriormente.

A tensão forma/conteúdo por si mesma explica a distinção entre os termos paródia e estilização. Enquanto a paródia *mantém aparentemente a essência da forma original*, deformando, ou melhor, contrariando o conteúdo do modelo – "caso contrário" –, a estilização, *ainda mantendo em essência a forma do modelo*, promove uma inovação, isto é, uma transformação do, ou no, conteúdo do modelo, sem negá-lo ou opor-se a ele, trazendo-lhe à tona o que lhe está implícito. Há, portanto, quando tratamos da estilização, a tão falada subserviência recriadora, ou seja, a imitação com o deliberado intuito de superar o modelo – canto paralelo –, e não destruí-lo como propõe a intenção paródica.

Há, pois, refração do paradigma em ambos os casos. A refração maior promovida pela paródia leva necessariamente à destruição conteudística e (por que não?) ideológica da visão de mundo proposta pelo autor do texto original, enquanto a estilização lhe acrescenta novo conteúdo, ainda perfeitamente pertinente, abrigando a intenção de ser superior ao original. Deste modo, seguindo a idéia da visão de mundo, temos que a cosmovisão implicada pelo intertexto na estilização, se não é superior, ao menos pretende ser mais complexa que a do paradigma, porque procura levar às últimas conseqüências as entrelinhas do modelo, buscando superá-lo através do preenchimento, do enriquecimento, enfim, do que poderia ter sido dito, mas não o foi, muito provavelmente por incapacidade ou talvez falta de vivência do autor original, para não falar em limitação epocal.

A atitude paródica, estilizadora, ou parafrásica é obtida através de mecanismos intertextuais. Nosso estudo visa fundamentalmente a desvelar os mecanismos promotores do diálogo intertextual travado entre o intertexto e seus paradigmas.

INTERTEXTO *VERSUS* PARADIGMA

O cotejo de *Anfitrião ou Júpiter e Alcmena* (1736), de Antônio José da Silva, em relação ao paradigma primordial, de Plauto, bem como à *Comédia dos Anfitriões*, de Camões, e ao *Amphitryon*, de Molière, levou-nos a tirar algumas ilações que nos capacitam a aquilatar o nível de intertextualidade da ópera do Judeu frente aos modelos arrolados.

A intriga, oriunda da mitologia, é comum tanto aos paradigmas como à ópera de Antônio José da Silva. Trata-se do triângulo amoroso Júpiter/Alcmena/Anfitrião, resultante de uma das aventuras adulterinas do soberano dos deuses – fábula que se cristalizou literariamente graças à estilização do mito paradigmático iniciada por Plauto.

ANTONIO JOSÉ E SEU DIÁLOGO INTERTEXTUAL 119

O episódio da chegada de Sósia (ou Saramago) – com o intuito de informar Alcmena acerca do breve regresso do general tebano –, encontrando-se com Mercúrio, transfigurado no criado de Anfitrião, é essencialmente o mesmo nas quatro peças. Também o diálogo travado entre Júpiter/Anfitrião e Alcmena, acerca da necessidade de retornar ao porto para entrar triunfante em Tebas, existe em qualquer um dos textos examinados.

O relato de Sósia/Saramago ao Amo, narrando o ocorrido diante de sua casa, bem como o fato de o general tebano ir tirar a limpo aquilo que o criado insiste em afirmar, é comum aos quatro textos examinados nesse estudo. Da mesma forma, o tratamento cheio de surpresa, dispensado por Alcmena ao verdadeiro e recém-chegado marido, que lhe traz, com o relato da vitória sobre os inimigos, um presente, não é fundamentalmente distinto.

A cena em que Alcmena, mostrando-se confusa diante da situação em que foi colocada, acaba por perdoar o marido fingido é igualmente similar nas peças consideradas.

Acabamos de sumariar aquelas cenas cuja similitude com o paradigma primordial plautino é patente. Contudo, outras cenas existem na *ópera* de Antônio José, tomadas ora de um ora de outro paradigma. Examinemos algumas delas.

O diálogo de Alcmena e Cornucópia (Parte I, cena I, primeiro e terceiro quadros) em torno da saudade que a Ama sente do marido é inspirado na cena I do primeiro ato da comédia camoniana, embora Antônio José lhe aponha a comicidade proveniente da caracterização de uma Cornucópia *graciosa*, que inverte derrisoriamente o discurso elevado de Alcmena. Esta mesma cena capacita-nos a perceber o lirismo que domina as Alcmenas portuguesas, tornando-as *discretas*, chorosas e melodramáticas. Parece-nos, portanto, que a construção da personagem Alcmena nas peças portuguesas tem um caráter arquetipicamente luso. Acompanhando a mesma linha de pensamento, o Júpiter desenhado por Camões e Antônio José da Silva reveste-se igualmente desse lirismo, que o torna um amante *discreto* e palavroso, atingido fatalmente pela "seta de cupido". Ainda no terceiro quadro da *ópera* de Antônio José, Cornucópia traz a notícia da chegada de Anfitrião/Júpiter e Saramago/Mercúrio. A fórmula aí utilizada pela criada é a mesma que a Bromia camoniana emprega:

Cornucópia: Alvíssaras, Senhora; alvíssaras!
Alcmena: Que é isso, Cornucópia?
Cornucópia: Que há de ser, Senhora? Ai, Senhora! Alvíssaras!
Alcmena: Alvíssaras de quê?
Cornucópia: Sabe que mais?
Alcmena: O quê?
Cornucópia: Pois saiba que... Ai Senhora, alvíssaras, que aí vem meu marido, Saramago!

120   O TEATRO NO SÉCULO XVIII

Alcmena: Há maior loucura! estas alvíssaras pede-as a ti mesma.
Cornucópia: Não, senhora, que com ele vem o Senhor Anfitrião. (p.104-105);

Bromia (dentro): Sosia parece que ouvi. Alvísssaras, minha senhora, Que na fala o conheci. (p. 34)

Os excertos demonstram que, sem dúvida, o Judeu tomou a fórmula de Camões, acrescentando-lhe, entretanto, a brincadeira verbal, cuja sonoridade, advinda da repetição do vocábulo, provavelmente agradava ao espectador.

O epílogo de *Anfitrião ou Júpiter e Alcmena* explicita, mais uma vez, a voz do paradigma camoniano aí ressoando. Enquanto a comédia latina encena o nascimento de duas crianças – uma, filha de Júpiter, outra, de Anfitrião –, as peças portuguesas trazem apenas a anunciação do nascimento de Hércules. Deste modo, temos a analogia entre Alcmena e Maria, porquanto ambas foram fecundadas por um deus onipotente e gerarão salvadores. Parece-nos, pois, que os dois autores portugueses se mostram, ao menos neste ponto, influenciados pela ideologia cristã[9] que, em Portugal, vinca a produção artística neoclássica e barroca, num período em que o exercício da imitação dos modelos pagãos, greco-latinos, não chega a sufocar ou enfraquecer a índole beatamente católica do povo lusitano.

Se tomarmos o paradigma molieresco, veremos que diversas passagens da *ópera* lusa encontram ali inspiração. É interessante notar que a maioria dos pontos de contato entre as duas peças reside em aspectos acessórios, o que oferece, segundo nosso entendimento, índices eloqüentes de que Antônio José teria conhecimento do texto francês. Levantemos alguns deles.

O exame da tábua de personagens de ambas as peças fornece já dois dos índices mencionados. O primeiro é capital. Trata-se do fato de que Sosie e Cléanthis são marido e mulher, assim como o são Saramago e Cornucópia. O segundo remete ao fato de que, nas peças ora examinadas, o capitão tebano, amigo de Anfitrião, chama-se Polidaz (Polidas, em Molière). Se esta segunda semelhança pode ser debitada à conta de acessória e/ou incidental, o mesmo não se pode dizer da circunstância de o Judeu ter reutilizado do "desdobramento" do par amoroso elevado, obtido em Molière através de Sosie e Cléanthis. Em sua *ópera*, Antônio José há de levar às últimas conseqüências o mote do "dédoublement" do par amoroso elevado inscrito no modelo francês:

Mercúrio: Com quê, é o mesmo nossos amos do que nós? Eles casadinhos de um ano, e nós há um século? Eles Senhores e rapazes; e nós velhos e moços? Eles, dous jasmins; e nós dous lagartos? E finalmente eles com amor, e nós, ou pelo menos eu, sem nenhum? (p. 109);

9. Veremos, em momento oportuno, que o *Amphitryon,* de Molière, também encena a anunciação do filho de Júpiter e Alcmena, o poderoso Hércules.

ANTONIO JOSÉ E SEU DIÁLOGO INTERTEXTUAL 121

Mercure: Diantre! ou veux-tu que mon esprit
T'aille cherches des fariboles?
Quinze ans de mariage épuisent les paroles;
Et depuis un long temps nous sommes tout dit. (p. 394).

Também a oposição proposta por Júpiter/Anfitrião em torno da distinção entre marido e amante (Antônio José: Parte I, cena II, quarto quadro) encontra correspondência na cena IV do primeiro ato molieresco. Tal distinção, aliada à idéia do amor como cumprimento do dever (Antônio José: Parte I, cena V, primeiro quadro/ Molière, Ato II, cena III), que ambos os dramaturgos encenam, ressaltando o moralismo de Alcmena diante do desejo de Júpiter, aproxima as duas peças, na medida em que a moralidade cristã sublima a carnalidade das relações conjugais aquém e além Pirineus.

A ironia que aflora no epílogo da comédia de Molière encontra ressonância na *ópera* do Judeu, uma vez que, tanto numa peça como na outra, a desonra de Anfitrião compartilhar o tálamo com Júpiter assume dimensões de subida glória.

Como já observamos ao examinar a *ópera* de Antônio José frente à comédia camoniana, também o *Amphitryon,* de Molière, encena a anunciação do nascimento de Hércules. Desse modo, as duas peças portuguesas e a francesa como que adaptarão, mariana e catolicamente, o paradigma latino, substituindo o nascimento de um semideus por sua anunciação – índice de uma contaminação religiosa de cunho epocal, a que não estão imunes Camões, Molière nem tampouco o cristão-novo Antônio José.

Examinamos alguns pouquíssimos exemplos do diálogo intertextual que *Anfitrião ou Júpiter e Alcmena* trava com os paradigmas arrolados, a fim de que possamos perceber o nível de intertextualidade exercida pela *ópera* do Judeu frente a tais modelos.

Há porém, no nível do enredo, um motivo que torna a *ópera* do Judeu original frente a qualquer um dos paradigmas arrolados. Através da inclusão de três personagens – Juno, Tirésias e Íris – Antônio José encontra o caminho para uma recriação estilizadora. A ação da ópera, neste aspecto, distingue-se dos modelos, seguindo um rumo de promissor ineditismo. A deusa Juno deixa o monte Olimpo para, na terra, vingar-se do amor adulterino vivido pelo marido, o onipotente Júpiter, com a formosa Alcmena. Se este motivo é totalmente original em relação aos paradigmas, não o é se tomarmos o modelo mitológico: Juno é aí caracterizada como uma deusa que, extremamente ciumenta, se vinga de quantas mulheres se interponham entre ela e o marido.

Será que Antônio José teria deixado de lado seus modelos para apoiar-se na mitologia? Se o Judeu simplesmente colocasse em cena a vingança de Juno, não poderíamos falar, pois, em originalidade. O comediógrafo aproveita-se do paradigma mitológico com a intenção

122 O TEATRO NO SÉCULO XVIII

de, também aí, promover a estilização. Para tanto, traz os mitológicos Tirésias e Íris, fazendo-os desempenhar a função de agentes da deusa Juno em prol de sua vingança. Aquele adivinho cego, conhecido pela sapiência de suas profecias, transforma-se, na *ópera*, num ministro tebano "cego de amor" pela deusa Juno, travestida, por sua vez, em Flérida. Como observamos, Antônio José, mais uma vez, deixa de lado o paradigma, agora mitológico, para recriá-lo. Acrescenta-se aqui o papel desempenhado pela deusa da Concórdia – Íris – que, com o intuito de socorrer a rainha do Olimpo, insinua-se para Saramago, provocando a discórdia conjugal do par *gracioso*. O "desdobramento" do triângulo amoroso elevado – Júpiter/Alcmena/Anfitrião – num dúplice triângulo amoroso plebeu – Mercúrio/Cornucópia/Saramago, e Cornucópia/Saramago/Íris-Corriola – fornece o outro índice da estilização da *ópera* do Judeu frente a seus paradigmas, notadamente Molière, que já trabalhara com a "repetição".

Portanto, a II Parte da *ópera* lusa se afasta mais marcantemente dos paradigmas, uma vez que encena os ardis que Juno trama em função de sua vingança. Tirésias – vitimado pelos enleios de amor – condena à prisão e sacrifício Anfitrião, Alcmena e Saramago. O general tebano é condenado, uma vez que afirma não ter triunfado diante do Senado. Tirésias e Polidaz testemunham o triunfo que, na verdade, fora vivido por Júpiter transfigurado em Anfitrião. O soberano deus, tendo usurpado o triunfo de Anfitrião, fornece o motivo para a condenação do general. Alcmena é presa por ter tratado "ambos como a esposo", ofendendo deste modo "a seu marido verdadeiro". Tanto Anfitrião como sua mulher são condenados pela aparência, na medida em que "os ministros da Terra" sentenciam pelo que vêem "exteriormente".

A acusação que recai sobre Saramago – "introduziu o fingido Anfitrião em casa de Alcmena" – só lhe pode ser aparentemente imputada, uma vez que Mercúrio, transformado no criado do general, é o verdadeiro responsável pelo trágico epílogo do estratagema urdido.

A trama atinge tal configuração, que só a intervenção de um *deus ex machina*[10] – Júpiter – desatará o nó desta segunda intriga que, ao fim e ao cabo, se torna capital, embora *a priori* fosse apenas um motivo a mais para os qüiproquós desenvolvidos por Antônio José. Uma vez que os ardis criados por Juno constituem o verdadeiro motivo da ação na *ópera*, dá-se a estilização do comediógrafo frente aos paradigmas.

Talvez possamos corroborar nossa idéia, lembrando que o título original da encenação de 1736 é *A Dama Enganada por um Esposo Fingido*. A ambigüidade sugerida no título capacita-nos a interpretar ser também Juno "a esposa enganada" por um "esposo fingido" – Júpiter –, aquele que, fementido e infiel, a engana. Sob esta ótica

---

10. F. M. Silveira, *Concerto Barroco às Óperas do Judeu*, p. 157-158.

ANTONIO JOSÉ E SEU DIÁLOGO INTERTEXTUAL

confirma-se a idéia de que, sub-reptícia, a segunda ação da peça na verdade é que move o enredo[11].

Assim, atribuindo feição eirínica[12] à esposa de Júpiter, Tirésias e Íris, Antônio José, não obstante seu débito para com Plauto, Camões, Molière e para com a caracterização mitológica, acabará por afastar-se dos paradigmas, compondo uma peça cuja originalidade é garantida pela re-*forma* imposta aos modelos.

Se *Anfitrião ou Júpiter e Alcmena* já se mostra original no âmbito do enredo, o diálogo caracteriza de forma ainda mais marcante o ineditismo da ópera frente aos textos que versam sobre o mito de Anfitrião.

Norteado pela "inversão", o discurso da peça dessacraliza irreverentemente aquele observado nos modelos. As falas dos *graciosos* ou de Mercúrio, transfigurado em Saramago, trazem a esmagadora maioria de exemplos do discurso invertido, seja pelo concurso abusivo de jogos de palavras –

> Saramago: E, quando nada, estamos defronte da nossa casa, que mal cuidei que a tornasse a ver! Ah, Senhores, grande cousa é o buraco da nossa casa, mais que seja esburacada, que mais val a casa com buracos, do que o corpo com os das balas; e, pois, elas já passaram, sem eu ficar passado, vamos ao caso. (p. 112).

ou de expressões latinas – "Saramago: Ai, ai, ai! Chibarritum me facit! com quê, eu também estive cá ontem à noite?!" (p. 136) –, seja por termos marcados pela irregularidade semântica – "Cornucópia: Ai, senhora! basta guerrear, faça por um pouco de tréguas com o sentimento; e, quando não, aparelhe-se, que em dous dias morrerá tísica e ética" (p. 102).

Antônio José recorre ainda a expressões que, ora de baixo-calão – "Saramago: Dessa sorte bem podes dar duas figas ao gálico" (p. 223) –, ora ambíguas – "Saramago: a primeira coisa que encontrei foi a nossa cadela, que com o rabo começou a explicar a sua alegria; donde inferi que há criaturas que têm a língua no rabo" (p. 120) –, ajudam a compor a *figura del donaire*.

Se recolhemos alguns poucos exemplos do mecanismo da "inversão" na ópera de Antônio José, tivemos apenas a intenção de não nos alongarmos em demasia, uma vez que tarefa ociosa é selecioná-los diante da profusão com que surgem.

A "inversão" promovida pelos *graciosos* ressalta a inadequação epocal do discurso dos *discretos*, cujo linguajar, entravado pelo uso de clichês, é constantemente denunciado. Neste ponto entra em cena

---

11. Francisco Luís Ameno, o editor das óperas de Antônio José da Silva, não teria percebido a ambigüidade do título original, alternando-o para *Anfitrião ou Júpiter e Alcmena.*

12. Eiron: caráter derrisório, irônico, fustiga os valores do sistema. Aristóteles, em sua *Ética a Nicômano*, define o eiron como um caráter (= ethos) que simula ser o que é.

124   O TEATRO NO SÉCULO XVIII

outro mecanismo responsável pela estilização promovida por Antônio José: a autoparódia.

De um lado, o discurso da peça revela-se parafrasicamente barroco, uma vez que as personagens ditas elevadas – especialmente Júpiter, Alcmena, Juno e Tirésias – falam de acordo com o *corpus* poético barroco. O uso de imagens cultistas entre os *discretos* aponta para uma paráfrase a sério das formas cristalizadas pela estética barroca:

> Júpiter: Pois, Alcmena, por Júpiter Soberano te juro que nem a distância que há do Céu à Terra seria bastante para fazer-me esquecer de ti; e, se te parece incrível a minha fineza naquela distância, afirmo-te que sempre intensivo o meu amor ardeu em tão activos incêndios, que do peito, aonde se acenderam, quiseram passar, abrasando a mesma esfera do fogo, ou ao Céu das chamas, que é o mesmo Empíreo (p. 160).

De outro ângulo, os *graciosos* utilizam tais clichês, invertendo-os dessacralizadoramente:

> Íris: Que te suspende? Pasmou-te o meu nome?
> Saramago: A falar verdade, caiu-me o coração aos pés, em saber que te chamavas Corriola; pois, apenas no jogo do amor começava a ser taful da fineza, quando logo perco o cabedal da esperança nessa Corriola [...]
> Íris: não me posso mudar em o que deus me não fez.
> Saramago; Ah, sim? Pois eu também não posso deixar de querer esse rosto, que dá de rosto à neve; essa testa, que testa me investe; esses olhos, que me deram olhado; essa boca, que emboca delícias; esse corpo, que em corpo passeia na sua formosura. (p. 142-143).

Se apontamos o "desdobramento" do triângulo amoroso elevado como um dos índices que traz à tona a verve cômica do Judeu, fizemo-lo exatamente porque entre os *graciosos* é que se encontram os exemplos de autoparódia. Situações vividas pelos *discretos* são repetidas pelos criados, resultando daí um discurso que se volta para e contra si próprio: "Saramago: eu podia dizer tal, quando essa tua cara, sendo o alcatruz do afecto, é o repuxo das almas que, esgotando a fineza do peito, banha o coração de finezas, para regar a chicória da correspondência?" (p. 135).

Porém, não parece residir na autoparódia uma crítica ao discurso gongórico, mas sim aos excessos que a poesia cultista, alicerçada em fórmulas conteudisticamente vazias, acabou por consagrar. Com a autoparódia, Antônio José sublinha o ridículo a que chegara uma norma poético-estilística dessorada pela inépcia, pela ignorância e pela falta de talento. A exemplo do que ocorrera na "Subida ao Parnaso", episódio encontrado em sua primeira *"ópera"– A Vida do Grande D. Quixote de la Mancha e do Gordo Sancho Pança –*, Antônio José defende quixotescamente a norma ideal do repertório imagético e estilístico do barroco. Desse modo, com a autoparódia, o Judeu ressalta a idéia de que é a paráfrase inepta, realizada por quem não tinha talento, a responsável pelo dessoramento e ridículo da norma ideal

ANTONIO JOSÉ E SEU DIÁLOGO INTERTEXTUAL

barroca. A crítica, ao fim e ao cabo, normalizadora da autoparódia em Antônio José, "é para que vejam os senhores poetas que o escrever uma décima custa gotas de sangue" (p. 193). Norma imagético-estilística a exigir engenho e habilidade versificatória, o barroco agoniza na paráfrase ridícula dos que sem talento o exercitam, confiados em que bastava alinhavar clichês para fazer boa poesia: "Saramago: E poderemos saber como se chama, em ordem a dizer-te depois: Suspende os rigores, cruel, fulana, tirana, sicrana?" (p. 141).

Decorridos três anos e duas peças desde sua estréia (*A Vida do Grande D. Quixote de la Mancha e do Gordo Sancho Pança* – 1733, e *Esopaida ou a Vida de Esopo* – 1734), Antônio José, muito mais consciente do fazer teatral, obtém a estilização dos paradigmas ora através da manutenção de mecanismos anteriormente utilizados, ora por meio de procedimentos inéditos que, encabeçados pelo "acréscimo" de motivo, resultam num diálogo intertextual vincado pela mimese recriadora.

REFERÊNCIAS BIBLIOGRÁFICAS

BARATA, José Oliveira. *António José da Silva*: criação e realidade. Coimbra: Editora do Serviço de Documentação e Publicações da Universidade de Coimbra, 1983-1985. 2. v.

CAMÕES, Luís de. *Teatro: Comédia dos Anfitriões, El Rei Seleuco, Filodemo*. Porto: Livraria Chardron, [s. d.].

CORRADIN, Flavia Maria. *Antônio José da Silva, o Judeu*: textos *versus* (con) textos. São Paulo: Íbis, 1998.

HUTCHEON, Linda. *A Theory of Parody:* the teachings of twentieth-century art forms. New York-London: Methuen, 1985.

KRISTEVA, Julia. *Introdução à Semanálise*. São Paulo: Perspectiva, 1974.

MOISÉS, Massaud. *Literatura: Mundo e Forma*. São Paulo: Cultrix-Edusp, 1982.

MOLIÈRE. *Oeuvres Completes*. Paris: Éditions du Seuil, 1962.

PLAUTO. *A Comédia Latina*. São Paulo: Tecnoprint [s. d.].

SILVA, António José da. *Obras Completas*. Lisboa: Sá da Costa, 1957-1958. 2 v.

SILVEIRA, Francisco Maciel. *Concerto Barroco às Óperas do Judeu*. São Paulo: Perspectiva-Edusp, 1992.

Pôr em Cena o Teatro de António José da Silva, Hoje:

texto clássico e dramaturgia

Maria João Brilhante*

PROLEGÓMENO

Para iniciar as considerações que farei acerca da encenação contemporânea das óperas de António José da Silva, nada melhor que citar um excerto do texto que o Director do Teatro Nacional D. Maria II, António Lagarto, incluiu no Programa do espectáculo *Berenice,* estreado a 21 de abril de 2005 nessa sala de espectáculos:

> Ao apresentarmos uma "Obra clássica" através de uma "Nova Obra", sentimos que estamos simultaneamente a divulgar cultura e a acrescentar cultura. Encare-se esta consciência como uma homenagem à obra e ao autor, já que do "velho se faz novo" apenas quando se admira […]. O próprio texto de Racine, como aliás toda a literatura, é disso exemplo – o impacto de um texto não depende apenas da sua inovação, mas também de questões relacionadas com a emoção do "reconhecimento": reformulam-se tensões de sempre, inquietações, afectos, razões de estado e de honra, lutas internas intemporais[1].

Estas breves linhas encerram claramente um ponto de vista sobre a produção de um texto clássico que está em sintonia com os critérios de programação de um teatro nacional. Não nos espanta, pois, que surjam palavras como cultura, homenagem, admiração, inovação e reconhecimento. Afinal, trata-se de ir ao encontro das expectativas dos frequentadores habituais de um tal teatro, apresentando algo que

---

* Centro de Estudos de Teatro, Faculdade de Letras, Universidade de Lisboa, Portugal.
1. A. Lagarto, Apresentação, em programa do espectáculo *Berenice*.

128   O TEATRO NO SÉCULO XVIII

estes conhecem (mesmo que nunca tenham visto em cena, como foi o caso de *Berenice* para muitos dos espectadores lisboetas), mas indo ao encontro do desejo de fazer/dar a ver *obra nova*. Divulgar cultura *versus* acrescentar cultura são as duas vertentes do que se considera ser "obrigação" institucional, sem que isso signifique abdicar da dimensão criativa considerada inerente ao trabalho da encenação, desde há pelo menos um século.

Uma eventual abordagem do texto como exercício de *reconstituição* do teatro clássico francês foi liminarmente recusada pelo encenador Carlos Pimenta, quando interrogado sobre essa hipótese. Mesmo num teatro entendido como escola do gosto, isso parece hoje extravagante para grande número dos encenadores. No entanto, a defesa da liberdade criativa no tratamento cénico das obras clássicas nunca surge como incompatível aos olhos do encenador, antes parece vir reforçar a concepção que se tem de um clássico. Vejam o que afirma Marcelo Lafontana, um dos criadores de *Teatro de Papel: Anfitrião*, elemento do grupo Teatro de Formas Animadas de Vila do Conde: "A escolha desta peça justificou-se sempre pela intemporalidade dos temas tratados, pela qualidade da obra e pela importância do autor em causa. A parceria com o José Coutinhas viabilizou o delicado processo de adaptação da escrita"[2].

Vários cortes no texto para o reduzir a uma dimensão representável numa duração admissível pelo público-alvo (jovens estudantes), alterações na sintaxe, substituição do latim macarrónico pelo inglês, tradução de algum vocabulário difícil foram várias das modificações que reconfiguraram o texto do Judeu, apesar de se tratar de um clássico ou justamente por se tratar de um clássico ao qual importa regressar sempre.

A realização cénica, nos nossos dias, de textos de autores considerados clássicos continua a suscitar muitas interrogações, quer dos criadores nela envolvidos, quer dos espectadores para os quais ela é empreendida. Assim, nada melhor do que começar por colocar algumas questões, com a certeza, porém, de que muitas persistirão apesar dos esforços para lhes encontrar resposta adequada. Este ensaio pretende apenas mostrar o percurso inquiridor de uma espectadora ao confrontar-se com duas encenações de textos do autor que aqui homenageamos, António José da Silva, e cuja experiência crítica sempre fica alertada para o papel cultural desempenhado pela revisitação dos clássicos.

Existe uma área de estudo fascinante que incide sobre a função e o lugar do teatro na sociedade. Creio que abordar um texto de teatro ou um espetáculo para os analisar implica, desde logo, que se pense

---

2. M. Lafontana, Apresentação, em programa do espectáculo *Teatro de Papel: Anfitrião*.

PÔR EM CENA O TEATRO DE ANTÓNIO JOSÉ DA SILVA, HOJE 129

na sua dimensão sociológica, porque, como mostrou Bourdieu em muitos dos seus estudos e particularmente em *Les Règles de l'art*, qualquer prática artística emerge e constitui-se no interior de uma rede de relações em permanente concertação.

Do mesmo modo, Richard Schechner tem procurado esclarecer a raiz comunitária da prática teatral, dedicando atenção à dimensão antropológica que esta manifesta e que o leva a desenvolver um estudo sistemático da performatividade e da inserção do teatro no campo mais vasto das práticas humanas.

Deste modo, um texto ou autor clássico, só o é porque uma comunidade se relaciona com ele de tal forma que o incorpora na língua, nas práticas e nas representações. É uma banalidade afirmar que um clássico ultrapassa as fronteiras de uma cultura nacional, expande-se, dissemina-se e inscreve-se com configurações várias em culturas e línguas de chegada, passando a fazer também parte delas. No entanto, esta é talvez a característica que melhor define um clássico e esta é a constatação que melhor esclarece a relação que mantemos com os textos e que os estudos literários e comparatistas vêm interrogando.

ONDE SE PERGUNTA O QUE É UM CLÁSSICO

A primeira questão a colocar tem inevitavelmente que ser "o que é um clássico?" e sabemos como a ela já procuraram responder outros antes de mim, nomeadamente Italo Calvino, de quem se tornou banal citar a seguinte definição: "Um clássico é um livro que ainda não acabou de dizer o que tem para dizer"[3]. Mas, para além deste chavão, agora também ele tornado clássico, encontramos em Calvino algumas ideias que nos ajudam a entender a nossa relação com certos textos que herdámos e reconhecemos como clássicos ou que seleccionámos para canonização: a extensa e intensa memória de leituras e de encenações que transportam, o modo como imprimem em nós as suas sementes, os discursos críticos e interpretações que suscitam e de que se livram para sempre regressarem como novos e surpreendentes, o papel que desempenham na construção da nossa identidade e da nossa visão do mundo, a possibilidade que nos dão de tecermos uma continuidade cultural e de nos posicionarmos perante o ruído do mundo.

Também Fortini, no seu verbete para a *Enciclopédia Einaudi*, procura caracterizar o termo "clássico" e as suas concretizações em diversos campos: da literatura à moda. Destaco no seu testemunho dois traços: o prestígio duradouro da obra clássica e o constituir-se como critério de medida, mais precisamente da justa medida aristotélica, de equilíbrio, simplicidade, clareza, elegância, maturidade. Mas um dos aspectos apresentados por Fortini parece-me particularmente

---

3. Italo Calvino, *Por que Ler os Clássicos?*, p. 9.

130   O TEATRO NO SÉCULO XVIII

relevante. Trata-se da acção exercida pelas mutações do contexto histórico sobre um texto/obra que assim se torna um clássico:

> Quando se fala da "distância", da "frieza", "peremptoriedade", "impassibilidade" dos clássicos – [...] – quer-se dizer precisamente que a mutação do contexto histórico desgastou uma boa parte não só da dimensão prática e referencial da obra, mas também da sua dimensão propriamente poética ou artística [...]. Por outras palavras, com o tempo diminuiram os antagonismos internos; aumenta o grau de homogeneidade do conjunto; ganham realce traços comuns a outras obras, ao género, à época, ao "estilo"; cresce a importância dos reenvios internos a uma tradição; surgem os traços da imitação, do enfraquecimento, da tradução[4].

Um clássico existe, deste modo, nessa dupla valência de obra exemplar e de obra gelada, expurgada de antagonismos e tensões que a tornariam demasiado presa à (sua) história.

Por seu turno, para Manuel Gusmão a historicidade da obra literária e a perenidade da sua identidade são aquilo que pode fazê-la ingressar na família dos clássicos:

> A preservação de "uma certa identidade" indica uma relativização histórica da identidade e o que designarei como processo de transporte no tempo ou de travessia dos tempos, reactivado em diversos presentes. Certos textos permanecem na medida em que vão sendo reapropriados, em diferentes tempos; digamos que duram ou regressam idênticos e diferentes, uns mais constantemente, outros de forma intermitente. Assim, afinal, a obra de arte literária permanece e varia [...], é histórica e trans-histórica. [...] O que queremos significar quando dizemos que as obras permanecem ou que regressam, é não apenas que a literatura é um meio de transporte no tempo ou um operador de temporalização e de historicização, mas que somos nós que assim as usamos, somos nós que as vamos buscar e as trazemos através dos tempos, fazendo-as (lendo-e-escrevendo) no "tempo transdialéctico"(Groethuysen), serial e histórico[5].

A questão de como se processa a canonização nesta soma de reencontros presentes com uma obra parece-me particularmente interessante. Não irei, todavia, desenvolvê-la aqui, pois desviar-me-ia do meu objectivo, mas não resisto a apontar aspectos que julgo com ela se relacionarem e que a obra de António José da Silva pode ilustrar. São eles a preservação da obra através da edição, a sua presença mais ou menos regular nos palcos do centro ou da periferia e, num outro plano (porque mais tardio), a sua inclusão nos programas escolares.

António José da Silva pertence ao núcleo reduzidíssimo de autores de textos de teatro que sucessivas edições e encenações fizeram chegar até nós e que, na escola, servem para ilustrar a existência de uma literatura dramática nacional. Os dois outros são, como é sabido, Gil Vicente e Almeida Garrett (e Luís de Sttau Monteiro, mas por quanto tempo?).

---

4. F. Fortini, Clássico, em *Enciclopédia Einaudi*: Literatura-Texto, p. 300-301.

5. M. Gusmão, Da Literatura enquanto Construção Histórica, em H. C. Buescu; J. F. Duarte; M. Gusmão (orgs.), *Floresta Encantada*, p. 207-208.

PÔR EM CENA O TEATRO DE ANTÓNIO JOSÉ DA SILVA, HOJE 131

Em 1744, são dados à estampa os dois primeiros volumes do *Teatro Cómico Português*. O editor é alguém que conhece bem o meio teatral lisboeta da primeira metade do século, que frequentou as Academias tão em voga, onde se cultivavam as letras e a estética barroca florescia, foi tradutor e, muito provavelmente, alguém próximo dos autores que forneciam os teatros, particularmente o Teatro do Bairro Alto, e de António José da Silva que ali terá visto representarem-se seis dos seus textos que chegaram até nós. Chamava-se Francisco Luís Ameno e os manuscritos que compilou, alguns inéditos até hoje, encontram-se na Biblioteca Pública Municipal de Évora. No entanto, a primeira impressão de um texto de António José da Silva – *Labirinto de Creta* – data de 1736, em folheto de cordel, a forma de divulgação mais frequente de textos de teatro do século XVI ao século XVIII. O que não significa senão o interesse que o teatro suscitava naquele tempo e que se comprova pela quantidade de folhetos que circulavam e chegaram até nós[6]. Desde essa data até 2000 as *óperas* do Judeu foram impressas dezenas de vezes, apesar de, no século XIX, apenas *Esopaida* e os *Encantos de Medeia* merecerem edição e só cinco edições surgirem até 1957, quando saem as *Obras Completas* na editora Sá da Costa.

A leitura da "Advertência do Colector", que antecede as óperas, é esclarecedora da importância do projecto editorial: não sendo frequente a edição em livro de textos de teatro (Ameno dá a lista quase completa na qual inclui a *Copilação* de Gil Vicente, e em 1600, as *Comédias Portuguesas* de António Prestes, Camões e Simão Machado, mostrando saber do que fala), o propósito revela a consciência da importância de garantir a preservação e a fácil divulgação de textos cujo sucesso era comprovado pelas muitas cópias manuscritas que circulavam.

Quanto aos palcos, podemos dizer que, após a sua estreia entre 1733 e 1738, num momento em que começa a surgir na corte um reportório teatral mais próximo do modelo italiano[7], ou seja, quando a influência espanhola que mais presente está na concepção das suas óperas vai perdendo o seu peso, elas resistem no gosto popular e surgem referidas por espectadores estrangeiros ou portugueses como resquício de um teatro fora de moda e "popular". Ressalto já nos anos 60 do século XVIII a presença das *Guerras de Alecrim e Mangerona* nas Contas do Teatro do Bairro Alto, a indicação de uma representação no Teatro do Bairro Alto numa carta ao Conde de Oeiras e, sobremaneira significativa, a citação de títulos de óperas do Judeu no texto *Teatro Novo* de Correia Garção (1766), precisamente a peça onde se

6. Existem colecções de folhetos na Biblioteca Geral da Universidade de Coimbra, na Fundação Calouste Gulbenkian, na Biblioteca do Teatro Nacional D. Maria II.
7. Cf. J. O. Barata, O Projecto de António José da Silva, em *História do Teatro Português* e ver também *História do Teatro em Portugal (séc.XVIII):* António José da Silva (o Judeu) no palco joanino.

132 O TEATRO NO SÉCULO XVIII

debate a situação do teatro português e se programa a introdução de
um teatro inspirado no classicismo francês:

> Branca: Eu sou de parecer que só se façam
> As portuguesas óperas impressas
> Encantos de Medeia, Precipícios
> De Faetonte, Alecrim e Mangerona
> Em outras nunca achei galantaria.[8]

Por seu turno, na Introdução a *Um Auto de Gil Vicente*, Garrett
constrói uma história do teatro que o romantismo repercutirá e que ainda lemos em Teófilo Braga. Fala do Judeu como preferido do povo, mas
é já do mito que se trata e não de um teatro na senda do qual pudessem
inscrever-se os primeiros passos do teatro moderno. Assim, não terá
sido grande a fortuna das óperas de António José da Silva nos teatros
românticos que, com Émile Doux e seus seguidores, procuravam im-
plantar outros modelos, e muito menos no Teatro Real de São Carlos, já
invadido pela ópera italiana. Terá sido nos espaços teatrais periféricos
que o nosso autor se foi tornando um clássico. Relativamente ao século
XX, na base de dados do Centro de Estudos de Teatro da Universidade
de Lisboa (CETbase)[9] surge uma primeira indicação em 1933: a representação das *Guerras de Alecrim e Mangerona* pela Companhia Rey
Colaço-Robles Monteiro. Mas uma investigação sistemática trará no
futuro mais dados para uma história das representações em Portugal das
suas óperas. Dessa data até 2005, estão recenseados 39 espectáculos.

Deixo para outra ocasião a abordagem do terceiro aspecto mencionado antes e também responsável pela canonização das óperas do Judeu:
a sua presença nos programas escolares até recentemente, para o estudo
da qual será necessária alguma pesquisa que ainda está por fazer.

POR QUE ENCENAR UM TEXTO CLÁSSICO?

Posto isto, perguntamos então: o que leva um encenador de hoje a in-
teressar-se por um texto que a comunidade a que pertence considera
"clássico" porque reconhece nele valores, modelos e códigos literários
e culturais aparentemente inquestionáveis, o que não significa que não
sejam questionados? O que lhe interessa acrescentar a um texto que
resulta de uma infinitude de leituras e cuja disponibilidade à interpretação está dependente da densa configuração histórica que adquiriu ao
longo dos tempos, do consenso que suscita nessa comunidade?

Teremos, então, que invocar múltiplas e concomitantes razões:
em primeiro lugar o fascínio por um texto que "resistiu ao tempo",

8. P. A. Correia Garção, Teatro Novo, em *Obras Poéticas*, v. 2, p. 31.

9. Consulte-se esta Base de Dados sobre espectáculos produzidos em Portugal
nos séculos XX e XXI em www.fl.ul.pt/centro-estudos-teatro.

PÔR EM CENA O TEATRO DE ANTÓNIO JOSÉ DA SILVA, HOJE 133

que se constituiu como padrão de uma ideia dominante de teatro numa dada cultura e passou a integrar um reportório selecto, para um grupo ou classe seleta; mas também a curiosidade por uma textualidade que apela à invenção, que desperta a imaginação cénica e a criatividade, que permite ao criador medir as suas capacidades.

Em segundo lugar, teremos de acrescentar o desejo de inscrição numa linhagem, já que encenar Shakespeare, Racine ou Gil Vicente faz recair sobre o encenador, sobre a companhia, o foco das atenções e permitirá apreciar a justeza da "nova" abordagem, isto independentemente do "valor" atribuído à criação ou do lugar central ou marginal que a produção pretenda ocupar (uma encenação experimentalista ou periférica de *Romeu e Julieta* atrai tanto público, ainda que diferente, quanto uma encenação convencional concebida numa sala de espectáculos burguesa).

Acrescente-se ainda um outro factor: o do combate que gerações de criadores vêm travando, por um lado com uma memória cultural, por outro com a sociedade do seu tempo, como se uma obra canonizada estimulasse a interpelação do sentido herdado – construído, na verdade, como vimos, por sucessivas leituras do texto – e da sua recepção pretensamente estável.

De facto, aquilo que move o encenador nosso contemporâneo é também o desejo de, citando Adolphe Appia, adaptar a encenação à "qualidade de visão" do espectador. Por isso, cada revisitação de um clássico no teatro se faz com e contra anteriores encenações, das quais chegam fugazes e fragmentadas recordações (fotos, emoções, impressões, relatos), sendo que o principal desígnio de uma nova produção consiste em "descolar" de, ou apagar a intensidade dessa recordação.

Todavia, e como afirmou Luís Miguel Cintra a propósito da dificuldade de encenar os autos de Gil Vicente[10], a graça está também no facto de serem tantos os problemas que os textos clássicos colocam, que pô-los em cena constitui um desafio e um "quebra-cabeças". Um deles é, por um lado, o desaparecimento das referências culturais e, por outro, das acções concretas que constituíam a outra parte de um todo, o espectáculo irreconstituível, mas ao encontro do qual em certa medida o trabalho do encenador procura ir. Através do jogo cénico é possível restaurar o sentido perdido de alguns passos dos textos clássicos.

E, para além das motivações que se prendem ao lugar emblemático ou mesmo simbólico do texto e aos impulsos criativos de um conjunto de agentes, em que medida essa reactivação de um clássico interessa à comunidade?

Barthes, em alguns dos seus textos[11] sobre a encenação de tragédias antigas, defende que a nossa única relação com elas "reside

---

10. Cf. L. M. Cintra, Mesa Redonda, em *GIL Vicente 500 anos depois.*

11. Cf. especialmente, Comment représenter l'antique, em *Écrits sur le théâtre,* p. 149.

na consciência que podemos ter da sua situação histórica" (p. 149) e que por isso devemos colocar-lhes duas questões: o que eram para os seus contemporâneos?; o que nos interessa o sentido antigo dessas obras?

É, segundo este autor, a alteridade da tragédia antiga que nos permite olhar com distância crítica um estado da história que só nos diz respeito porque com ele apenas nos relacionamos pelo facto de o termos ultrapassado. Destas considerações, creio que podemos reter a ideia de distância que permite a canonização da obra, mas também o facto de ser essa mesma distância que deixa os criadores livres para re-criarem e se recrearem.

PROBLEMAS QUE SURGEM NA ENCENAÇÃO DOS CLÁSSICOS HOJE

1.

Na verdade, são várias as dificuldades que tem de enfrentar quem pretende encenar um texto clássico. A primeira das quais reside na *língua* que, mesmo no século XIX, apresenta por vezes características semânticas, sintácticas e fonéticas difíceis de integrar numa encenação que queira ser um acto vivo e não uma ilustração ou reconstituição arqueológica de acções passadas e estranhas ao nosso universo.

Em António José da Silva, para além da incompreensão de algum vocabulário, defrontamo-nos com a exploração de duplos sentidos e a produção desenfreada de jogos verbais que são, simultaneamente, manifestação linguística da estética e da mundividência barrocas e exploração do carácter plástico da matéria verbal no interior do jogo teatral. Como diz Luís Miguel Cintra: "E não falamos já este português (o que, diga-se de passagem, não facilita as coisas e dá algum trabalho ao actor). Mas até por isso mesmo nos dá gosto representar agora este texto"[12]. O mesmo dirá Nuno Carinhas: "O tratamento da linguagem coloca-se sempre como um tremendo desafio"[13].

Mas a língua é repositório da cultura de um momento histórico e a sua exploração retórica, a sua manipulação semântica visam claramente despertar a cumplicidade do espectador, estabelecer um pacto que o faz aceder ao universo representado e, no caso de António José da Silva, dele se rir. A língua de um texto antigo clássico não é, contudo, um obstáculo, antes factor constituinte do próprio texto e o que ficou de uma acção que desapareceu. A cumplicidade com o espectador

12. L. M. Cintra, Este Espectáculo, em programa do espectáculo, *Esopaida ou Vida de Esopo*, p. 5.
13. N. Carinhas, Strepuere cornua cantu, em programa do espectáculo *Anfitrião ou Júpiter e Alcmena*, p. 2.

PÔR EM CENA O TEATRO DE ANTÓNIO JOSÉ DA SILVA, HOJE 135

contemporâneo terá de ser construída no presente e ao presente pertence não o texto, mas o espectáculo.

2.

Alguns encenadores procuram *"refrescar" os clássicos*, quer trazendo para a actualidade as situações representadas, quer modificando o texto para o tornar compreensível, quer ainda reescrevendo-o através da junção ou da eliminação de excertos com o que julgam clarificar o conteúdo ou tema da obra ou aproximá-lo das temáticas contemporâneas. Clamando contra os usos e abusos dos encenadores, certos espectadores mais puristas julgam estar a defender uma obra intocável, quando, na realidade, desconhecem que formatos ela terá tido ao longo da sua história (o caso de Shakespeare é exemplar). Defendem uma encenação ideal que nunca terá existido e não percebem que o que de facto lhes desagradou foi a assinatura assumidamente autoral do encenador a reivindicar a leitura do texto ali oferecida ao espectador[14].

3.

Uma última dificuldade que gostaria de referir prende-se às *circunstâncias da representação de um texto clássico*, a complexa rede de relações que, no momento em que o espectáculo aconteceu, conferem sentido ao que foi dito e feito: desde as condicionantes espaciais, até à atmosfera socio-política, passando pelas experiências (literárias, musicais, artísticas) partilhadas. A encenação contemporânea de um clássico tem talvez de inventar cumplicidades com outros públicos, outras redes de referência, outras linguagens e procurar por essas vias fazer partilhar a singularidade daquilo que o texto tem para nos dizer.

RECENTES ENCENAÇÕES DE TEXTOS DE ANTÓNIO JOSÉ DA SILVA EM PORTUGAL

Mas já é tempo de passar à apresentação das encenações recentes de *Anfitrião ou Júpiter e Alcmena* e de *Esopaida ou a Vida de Esopo*.

---

14. Na conversa travada entre Ricardo Pais e Nuno Carinhas, lê-se a seguinte afirmação de Nuno Carinhas: "Disseste ao princípio que se poderia ter cortado muito mais texto, mas também considero que se o fizéssemos destruiríamos algo que releva da estrutura da peça e do estilo do autor. A certa altura, de facto, o imbróglio tem que persistir, mesmo que saibamos que tudo já foi dito, feito, vivido, porque depois ainda aparece uma personagem que vai viver de forma diversa este caleidoscópio permanente". Cf. N. Carinhas e R. Pais, As Tiranias do Desejo: conversa entre Ricardo Pais e Nuno Carinhas, em programa do espetáculo *Anfitrião ou Júpiter e Alcmena*, p. 6.

136   O TEATRO NO SÉCULO XVIII

Da primeira ópera foram produzidos dois espectáculos e essa duplicação não é fortuita ou provocatória, mas corresponde a um programa e por isso merece ser analisada: tem, na verdade, subjacentes alguns aspectos de ordem estética que iluminam esta questão mais vasta de como representar os clássicos. É que uma das produções foi feita com bonecos de papel e outra com corpos vivos, e estiveram em cena com poucas semanas de intervalo, o que permitiu aos espectadores confrontar as duas opções estéticas e experienciar, quase em simultâneo, percepções mediadas por linguagens e códigos algo diferentes. Mas esta coincidência também nos permite recolocar a velha questão levantada por Ameno, na sua "Advertência do Colector", acerca da ausência de alma dos bonecos, para os quais António José da Silva escreveu os seus textos, e acerca da dificuldade daí decorrente: realizá-los de modo satisfatório para o público de então.

Claro que várias encenações das óperas foram já feitas com bonecos em Portugal, mas nunca foi possível uma tal proximidade temporal de forma a permitir a comparação. De qualquer modo, é preciso notar que a bidimensionalidade do teatro de papel não restitui as condições de realização e percepção com bonecos de cortiça, movidos por um arame, do longínquo século XVIII, mas ajuda a pensar certas opções de teatralização e de estilização tomadas por encenadores contemporâneos, radicalmente diferentes das "realistas" produções que se sucederam desde os anos de 1930 até não há muito tempo, por exemplo, no Teatro Nacional D. Maria II, em Lisboa.

Por isso, o carácter algo experimental, que obrigou à manipulação do texto da ópera para o sujeitar aos imperativos técnicos e artísticos do teatro de papel, torna mais evidente o conceito que subjaz às criações de Nuno Carinhas e de Luís Miguel Cintra: o *da teatralidade intrínseca das óperas do Judeu* e, por conseguinte, a incontornável distância que ele impõe ao espectador de hoje e que terá de se concretizar na abordagem dramatúrgica (a leitura cénica do texto) primeiramente, e na encenação (a actualização cénica) por fim. É como se, ao sublinharem a teatralidade que reconhecemos nos textos e que parece pôr tantos problemas à própria leitura, os dois encenadores estivessem num só gesto a confirmar o estatuto clássico das óperas e a propor um modo de percepção que delas podemos ter hoje[15]. Algumas

15. É, por isso, curiosa, esta afirmação de Nuno Carinhas noutro passo da mesma conversa já mencionada: "Se formos capazes de não aborrecer ninguém pela extensão do texto, acho que ele resiste muito bem a todas estas incursões. Porque mesmo pela variação, que provavelmente ainda vai ser reforçada pela banda-sonora, pelas tais variações de espaço que apontaste, e até pela própria capacidade fantasmagórica que já se percebeu que a luz pode ter, que nos pode atirar simultaneamente para um espaço muito íntimo, ou para um espaço de uma densidade dramática profunda ou para um outro espaço completamente lúdico e solto". Idem, ibidem.

PÔR EM CENA O TEATRO DE ANTÓNIO JOSÉ DA SILVA, HOJE   137

perguntas que a leitura suscita: como aconteciam as acções?; como era explorado um espaço em contínua transfiguração?; qual o ritmo do débito verbal dos actores e a sua relação com a movimentação imprimida aos bonecos?; como transpor tudo isto para as condições dos palcos de hoje e continuar a produzir efeito cómico, a transmitir a preponderância do quadro ou *sketch*, como hoje dizemos, sobre a intriga una e a reproduzir o primado da diversão sobre a produção de sentido. Conceber, como ambos fazem, as duas óperas de António José da Silva como objectos da representação de uma "troupe" que, no final de *Anfitrião,* acaba à pancada (aliás, tópico obrigatório do teatro de bonecos...), consiste em criar uma metateatralidade, ainda que subtil, afirmando assim que um clássico deve ser mantido à distância para continuar a sê-lo e deixar-nos olhá-lo na sua complexidade.

Nuno Carinhas, o encenador do *Anfitrião* de carne e osso, apresenta o programa a que obedece a sua criação nestas palavras:

> Este é um jogo excessivo de imbróglios, arquitectado para ser submerso pela destreza dos intérpretes que, usando e abusando da convenção enquanto exercício autorizado do prazer de expressão, esquematicamente nos restituem o usufruto de uma outra breve realidade, de uma outra longa ficção, para lá de domésticas vivências[16].

Os termos com que descreve o texto de partida – jogo excessivo, imbroglio, arquitectado – dizem bem o que o conduziu nesta encenação, assim como o papel preponderante nela atribuído aos actores enquanto veículos e agentes de transmissão da breve realidade (o pequeno mundo representado) e da longa ficção (o universo de referências que é a história da cultura ocidental) que em *Anfitrião* habitam e que ultrapassam as domésticas vivências (do teatro de, pelo menos, o último século, que serve de padrão ao espectador de hoje).

Nesse exercício do prazer da expressão cabe proferir "imprecações arcaicas como quem manda vir à mesa do café"[17], diz ainda o encenador e refere-se, evidentemente, a um dos lugares problemáticos da revisitação contemporânea dos clássicos. Proferir um texto, como sabemos, circunstancialmente significante, semântica, retórica e por vezes sintacticamente incompreensível (como confessa o adaptador de *Anfitrião* para o Teatro de Papel), de forma a construir a coerência da personagem (mesmo de uma personagem sem marcas psicológicas como é o caso) e a clareza da acção, tudo isto sem desbaratar a dimensão lúdica que caracteriza o texto do Judeu, constitui um desafio imenso de que só o actor tem consciência porque o vive na pele.

16.Idem, p. 1.
17. Idem, ibidem.

Cena do espetáculo Teatro de Papel: Anfitrião ou Júpiter e Alcmena, *baseado na ópera de António José da Silva e levado à cena, em 2004, no Teatro Nacional de São João, no Porto (Portugal). Encenação de Ricardo Pais. (Fotografia de João Tuna)*

De facto, aquilo que vimos passar no Teatro Nacional de São João e que o registo filmado infelizmente não reproduz convenientemente, embaciando quer a enunciação (quando os actores sobem para os plintos e exibem os seus dotes elocutórios), quer os efeitos subtis de jogo corporal (a cena inicial de Júpiter na banheira é disso exemplo), foi uma distanciada e muito estilizada representação da complexa trama de enganos que, esquivando-se ao realismo de pacotilha (e teria sido fácil cair na imitação de uma tragicomédia com a qual, todavia, o teatro espectacular do Judeu nada tem a ver), escolhe o terreno de um certo estranhamento, conseguido, creio, pela invenção de uma espécie de hiato, de um tempo de espionagem que sinaliza o afivelar da máscara contra a eminência do desmascaramento. Pergunto-me, contudo, se esse efeito não se deverá provavelmente também à dificuldade sentida por alguns actores em sustentarem o registo paródico sem quebras (como na cena de sedução entre Saramago e Íris)[18].

18. Note-se, todavia, a esclarecedora interpretação de Ricardo Pais na citada conversa com Nuno Carinhas: "Pareceu-me que uma boa parte da tua aproximação ao desejo e ao amor é fortemente marcada pela tradição operática – no tempo que demora,

Cena do espetáculo Anfitrião ou Júpiter e Alcmena, *levado à cena por Nuno Carinhas no Teatro Nacional de São João, no Porto, em 2004. (Fotografia de João Tuna)*

140   O TEATRO NO SÉCULO XVIII

No texto, a diversidade de registos (entre o declamado e o popular) e de ritmos (abrandamentos e acelerações que engendram o diálogo e a sequência das situações), associável em parte à citação e colagem de géneros e tipos de discurso, se dificulta a encenação e o trabalho dos actores – alguns pouco familiarizados com este tipo de texto –, não deixa de ser estimulante do ponto de vista da espectacularidade que suscita e a que Nuno Carinhas foi sensível. Respondeu a esse apelo por meio de um justíssimo e inventivo trabalho com a concepção do espaço cénico que se vai metamorfoseando, pela alternância caleidoscópica da cor e da luz, pontuando a sequência das cenas e propondo a sua leitura não apenas através da matéria verbal, mas também por meio dos códigos visuais e sonoros criados. Aludindo em regime mínimo ao tempo representado, por meio dos figurinos e das colunas que surgem quebradas como que a sinalizar o olhar que no presente lançamos sobre um texto duplamente passado, o encenador e cenógrafo torna-as, todavia, funcionais. Prescinde de qualquer uso de maquinaria cénica sem deixar de explorar dramaturgicamente o espaço, como é característica do teatro barroco. Alguns adereços servem explicitamente para criar anacronismos: as malas de viagem que Saramago transporta, os patins que Mercúrio usa na segunda parte do espectáculo, o guarda-sol japonês de Íris… E, quanto aos figurinos, podemos dizer que estão de acordo com a paleta colorida do espectáculo, fazendo confluir o alusivo e o histórico, mas exibindo algum requinte que pode parecer contraditório com o registo paródico do texto. Transfiguram, até certo ponto, os actores em bonecos, ou melhor, exibem a condição teatral da representação.

Deste modo, a exploração exuberante da plasticidade do espaço, conjugada com o jogo vivo, mas distante, dos actores (privilegia-se a pouca proximidade física), torna mais evidente a estilização do espectáculo contrastante com o excesso que tinge todas as personagens e que, em registo nobre ou em registo baixo, o discurso manifesta.

Mencionei a dimensão sonora do espectáculo e creio que ela merece uma referência especial. Não se trata apenas da inclusão, tal como previsto no texto, de canções que são "momentos de descontracção", distraem, por vezes, o espectador da intriga, assim mantida em suspenso e/ou comentada, "separadores" entre cenas. As composições cantadas que vão do *rap* ao fado, contaminam as cenas em que ocorrem e sugerem a trans-historicidade do mito, a sucessão e transformação dos humanos enganos.

Desde os momentos iniciais do espectáculo ouvem-se, ainda com a cena vazia, mas já deixando ver o espaço rasgado por uma mancha de cor azul e por uma toalha de água perto do proscénio, acordes da canção *Only*

nas elipses que fazes à volta dela, nas próprias imagens que vais criando em palco, naquele carácter muito enunciatório, à boa maneira operática, que os plintos têm quando os actores estão em cima deles falando uns com os outros sem propriamente estarem a fazer diálogo 'em teatro', como se precisassem de espaço e de tempo para 'cantarem' as suas falas". Idem, p. 7.

PÔR EM CENA O TEATRO DE ANTÓNIO JOSÉ DA SILVA, HOJE   141

You de Elvis Presley e gotas de água caindo amplificadas. Substituem a
ária inicial em que o Coro fala do amor excessivo de Júpiter por Alcmena
e contrastam com o grito que rompe o silêncio de onde irá emergir a palavra. Mas a presença do som terá uma exploração sofisticada: há sons que
criam uma atmosfera de magia sempre que os deuses usam dos seus poderes, amplifica-se e distorce-se a voz de Mercúrio no segundo encontro
com Saramago, há acompanhamento musical na dança de Cornucópia,
prolonga-se o ladrar do cão que surge encarnado em Cupido, usam-se
trompetas marcando o final de algumas cenas etc. Outras sonoridades
que se aproximam do conceito de banda sonora são igualmente notáveis,
contribuindo para a atmosfera de estranhamento que já referi.

Podemos, pois, concluir que nesta encenação se procedeu ao trabalho
de intensificação dos signos teatrais encontrados no texto ou inventados,
como mostram as máscaras colocadas no proscénio no final da 1ª parte e
recuperadas pelos actores no final do espectáculo ou "baile de máscaras"
no Olimpo, como lhe chama o encenador. A revisitação do texto clássico
serviu-se da teatralização para manifestar por essa via o excesso que habi-
ta *Anfitrião*, mas também, como disse o encenador deste espectáculo, para
dar a ver "a tirania do desejo enquanto ficção de eternidade".

Passemos agora à encenação de *Esopaida*. Duas frases permi-
tem-nos entrar na segunda produção de que pretendo falar. Escritas
por Luís Miguel Cintra no Programa do espectáculo dizem assim:
"Claro que a peça é antiga. Para nós, gente de hoje, desapareceu o
referente. […]. Representar a *Esopaida* hoje é, apesar de tudo, e tudo
é a graça, representar um clássico".

O espectáculo com a ópera *Esopaida*, estreado em novembro de
2004 no também chamado Teatro do Bairro Alto, manifesta, desde
logo, a estreita ligação que existe entre a companhia do Teatro da
Cornucópia (o seu nome é já homenagem ao Judeu) e este autor de
quem a companhia havia antes representado *Anfitrião* (em 1969) e o
Labirinto de Creta (em 1982).

Justificando o regresso a um texto de António José da Silva, o
encenador afirma o seguinte:

> Neste triste ano de 2004, precisámos de voltar […]. Aos velhos amores, à alegria
> que estas fátuas brincadeiras do Judeu nos dão. Vivemos tempos maus. À nossa volta
> tudo negro: corrupções, manipulações, incompetências, injustiças, desilusões, desen-
> canto, indiferença, egoísmo, barbárie […]. Deste pântano alguma coisa há-de nascer.
> Se estivermos vivos. Pelo nosso lado festejamos à antiga, e mais devagar, com o teatro
> do Judeu. Talvez o fim do mundo. Será talvez o fim de um nosso mundo[19].

E, no entanto, apesar desta nota decepcionada, poucos espectáculos, em Lisboa e na Cornucópia, terão sido, nos últimos anos, tão di-
vertidos, unindo de tal forma o divertimento dos actores ao do público.

19. L. M. Cintra, Este Espectáculo… op. cit., p. 3.

Cena de Anfitrião ou Júpiter e Alcmena. *Teatro Nacional de São João Porto, Portugal, 2004. Encenação: Nuno Carinhas. (Fotografia de João Tuna)*

Várias escolhas estéticas (no cenário e nos figurinos) e dramatúrgicas (na exploração do espaço cénico e no jogo dos actores) denunciam uma eficaz exploração da dimensão paródica do texto e resultam numa exultante produção do mais desbragado e subversivo efeito cómico.

Se à simples leitura é já evidente o ponto limite a que António José da Silva conduz a sua apropriação e reescrita dos textos e mitos conhecidos do público do seu tempo, respeitando a sua estrutura, mas rebaixando-os através da paródia, de modo a criar por momentos o carnaval, este espectáculo consegue levar bem longe o espírito do próprio texto e deixar-se invadir pela maior loucura. Isto é conseguido por meio de um exercício de dramaturgia que reconhece e liga a eficácia do discurso verbal à exploração da dinâmica própria de cada quadro ou número, já que se trata de um texto construído por uma sucessão de episódios. Ligados pela figura central de Esopo, estes episódios pretendem não tanto contar uma vida (como afirma Oliveira Barata, a lenda era conhecida dos espectadores da época) quanto subvertê-la e, através dela, todo o universo de uma cultura de elite que o Judeu bem conhecia.

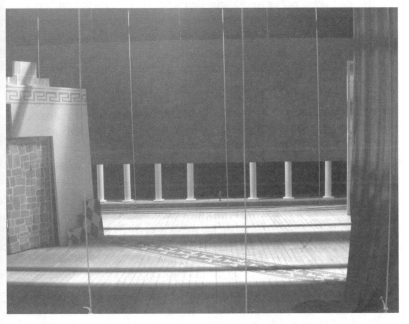

Cenário da ópera Esopaida ou a Vida de Esopo, *estreada em novembro de 2004 no Teatro da Cornucópia, em Lisboa. Encenação de Luís Miguel Cintra, cenografia de Cristina Reis. (Fotografia cedida pelo Teatro da Cornucópia)*

Cristina Reis, a cenógrafa e co-directora da Companhia concebe um espaço onde, como num quarto de brinquedos, dispõe soldadinhos, banquinhos em forma de coluna, espadas de madeira, estátuas, uma muralha de papelão, uns bastidores que anunciam as entradas

144 O TEATRO NO SÉCULO XVIII

e saídas, um caminho marcado por passadeira de plástico. Desenha assim um lugar que não é mais do que um palco e se converte nos vários lugares inventados pelo Judeu, sem "mutações" de cenário, quase tudo se encontrando em cena desde o início, pronto a ser usado, activado pelo jogo dos actores. São eles e os adereços que transmutam o espaço de praça de armas em interior de palácio, de estrebaria em local no campo, de feira em praia. Recorrendo à sinédoque e à metonímia (os soldadinhos de madeira, o busto de Sócrates...), reforça a teatralidade e anula qualquer laivo de percepção realista, que tornaria insuportável, hoje, a recepção das fantasias do Judeu. Concretiza as situações que exigem máquinas (por exemplo, o voo da águia de Júpiter), pondo à mostra os "cordelinhos" da ilusão teatral barroca.

Mas o maior achado reside no tratamento das personagens através da forma que é dada aos corpos dos actores: como bonecos insuflados, apresentam grandes protuberâncias (seios, nádegas, sexos, joelhos e cotovelos) em cor de carne, cobertas de túnicas e cabeleiras estilizando a moda da antiguidade. Alguns anacronismos, na personagem de Filena, por exemplo, que de franja e óculos parece saída dos desenhos animados do meu tempo (*Os Flinstones* ou algo do género), sinalizam ainda mais a caricatura de um mundo antigo, em segunda ou terceira mão, como já o queria o Judeu.

Nada oculta as brincadeiras de cariz sexual, as alusões escatológicas, a sátira à cultura de elite, à gabarolice, à filosofia que estão no texto e que o jogo dos actores vem traduzir para o espectador de hoje, encontrando maneiras de significar que são de sempre, que a memória do teatro transporta (a sugestão da cópula, a bebedeira, a zanga da esposa enganada, o travesti) e juntando-lhes novas maneiras (a timidez efeminada nas primeiras declarações amorosas, a bravura militar à Rambo).

A música nas óperas de António José da Silva é elemento importantíssimo. Tendo chegado até nós apenas a que integrava as *Guerras de Alecrim e Mangerona*, nas restantes criações optam os encenadores por usar música composta para a ocasião. Neste caso a utilização de música segue o mesmo princípio que sustenta o espectáculo: improvisada, ela resulta da colagem de ritmos em que até o fado aparece, percussões variadas, anacronismos melódicos que pontuam, como previsto no texto, a acção e que concordam com o sentido da cena em que ocorrem. Entre música e cega-rega, ouvimos na sua "brutalidade" aquilo que os actores são capazes de produzir. De outra forma, a música volta a ser, também neste espectáculo, elemento significante e dramaturgicamente incontornável.

Os actores brincam com os papéis que desempenham, primeiro porque existe uma fisicalidade sugerida pelo figurino, depois porque, sem modelo a imitar, entregam-se à mais completa invenção de novos tipos. É o caso da, ao mesmo tempo, sonsa e atrevida Filena, da própria criada esgalgada e desajeitada (Geringonça, nome que ainda damos a uma máquina que funciona mal), de Periandro, apaixonado de Filena, filósofo apatetado e choramingas, e, sobretudo, de Esopo, grosseiro, medroso, mas manipulador e interesseiro, que o próprio Luís Miguel Cintra interpreta entregando-se ao prazer de encarnar um texto delirante, em que por vezes parece enredado, para logo numa cena mais física explorar o seu corpo de boneco e recuperar o fôlego e o controle da situação.

Cena de Esopaida *no Teatro da Cornucópia, em Lisboa. (Fotografia cedida pelo Teatro da Cornucópia)*

"Foi disso que gostámos", escreve, ainda na apresentação do espectáculo, Luís Miguel Cintra. "Desta liberdade, deste humor desregrado, excessivo, truculento, rebelde, malcriado. Saudável. Sem cinismo"[20]. Mas foi em tempos de desgosto pelo mundo, como ele se encontra, que uma ópera do Judeu surgiu a uma companhia como antídoto, como fuga e reconhecimento de outro mundo. Um pouco ao invés do que desejava Barthes, esta encenação se coloca à distância; este teatro barroco e desmedido não é para ficar a saber a distância a que dele se encontra, mas para levar "para cena o conhecimento ou o desejo de outro mundo, de outra forma de viver, de pensar, de sentir, de brincar, que o nosso triste dia a dia não conhece ou já esqueceu. E a isso nos ajuda uma memória, a memória de outro teatro"[21].

20. Idem, p. 5.
21. Idem, ibidem.

Em jeito de conclusão posso dizer que os encenadores destas duas recentes produções, atentos à palavra dos especialistas, mas acima de tudo confrontados com os seus próprios projectos de criação e com as condições de que dispunham, procuraram, por um lado, resolver os diversos problemas técnicos e dramatúrgicos que as obras colocam para espaços, actores e público de hoje (o *como* dizer); por outro, encontrar o que liga aos nossos dias as acções, situações e temas de que falam.

Uma leitura dramatúrgica dos textos clássicos tem de desafiar os lugares-comuns que transportam e lhes conferem o estatuto de clássicos e deve pensá-los no diálogo que possibilitam entre a historicidade e o presente da representação. Não exactamente como partituras, cuja leitura é servida pronta na encenação, mas como corpo textual em que lateja uma vida que já existiu e que podemos reactivar através dos corpos dos actores de hoje. Uma leitura dramatúrgica que seja quase uma encenação imaginária está ao alcance de cada um de nós, mas, como dizia António Pedro, é preciso conhecer as regras do jogo teatral.

Luís Miguel Cintra e demais atores do Teatro da Cornucópia interpretando personagens da ópera Esopaida ou a Vida de Esopo, *de António José da Silva. (Fotografia cedida pelo Teatro da Cornucópia)*

PÔR EM CENA O TEATRO DE ANTÓNIO JOSÉ DA SILVA, HOJE 147

REFERÊNCIAS BIBLIOGRÁFICAS

APPIA, Adolphe. *Texts on Theatre*. Org. Richard C. Beacham. London-New York: Routledge, 1993.

BARATA, José Oliveira. António José da Silva "O Judeu" (dit le Juif). In: *Les Cahiers. Maison Antoine Vitez-Centre International de la Traduction Théâtrale*. Montpellier: Climats.

_____. O Projecto de António José da Silva. In: *História do Teatro Português*. Lisboa: Universidade Aberta, 1991.

_____. *História do Teatro em Portugal (séc.XVIII)*: António José da Silva (o Judeu) no palco joanino. Lisboa: Difel, 2000.

BARTHES, Roland. Comment représenter l'antique. In: *Écrits sur le théâtre*. Paris: Points-Seuil, 2002.

BOURDIEU, Pierre. *Les règles de l'art*: genèse et structure du champ littéraire. Paris: Seuil, 1992.

CALVINO, Ítalo. *Porquê Ler os Clássicos?*, Lisboa: Teorema, 1994.

CARINHAS, Nuno. Strepuere cornua cantu. In: Programa do Espectáculo *Anfitrião ou Júpiter e Alcmena*. Porto: Teatro Nacional de São João, 2005.

CARINHAS, Nuno e PAIS, Ricardo. As Tiranias do Desejo: conversa entre Ricardo Pais e Nuno Carinhas. In: Programa do Espectáculo *Anfitrião ou Júpiter e Alcmena*. Porto: Teatro Nacional de São João, 2005.

CINTRA, Luís Miguel. Mesa redonda. In: *GIL Vicente 500 anos depois*. Lisboa: Centro de Estudos de Teatro da Universidade de Lisboa-Imprensa Nacional-Casa da Moeda, 2003.

_____. Este Espectáculo. In: Programa do Espectáculo *Esopaida ou Vida de Esopo*. Lisboa: Teatro da Cornucópia, 2004.

CORREIA GARÇÃO, Pedro António. Teatro Novo. In: SARAIVA, António José (org.). *Obras Poéticas*. Lisboa: Sá da Costa, 1957. v. 2.

FORTINI, Franco. Clássico. In: *Enciclopédia Einaudi:* literatura-texto. Lisboa: Einaudi, Imprensa Nacional-Casa da Moeda, 1989, v. 17.

GUSMÃO, Manuel. Da Literatura enquanto Construção Histórica. In: BUESCU, Helena C.; DUARTE, João Ferreira; GUSMÃO, Manuel (orgs.). *Floresta Encantada*: novos caminhos da literatura comparada. Lisboa: Publicações Dom Quixote, 2001.

LAFONTANA, Marcelo. Apresentação. In: Programa do Espectáculo *Teatro de Papel: Anfitrião*. Porto: Teatro Nacional São João, 2005.

LAGARTO, António. Apresentação. In: Programa do Espectáculo *Berenice*. Lisboa: Teatro Nacional D. Maria II, 2005.

SCHECHNER, Richard. *Between Theater and Anthropology*. Philadelphia: University of Pennsylvania Press, 1985.

A Música nas Óperas de Antônio José, o Judeu

Paulo Roberto Pereira[*]

O legado da música teatral em Portugal na primeira metade do século XVIII caracteriza bem as contradições inerentes ao longo reinado de D. João V que, aclamado rei a primeiro de janeiro de 1707, só veio a ser sucedido por seu filho D. José em 1750. A música religiosa e profana foi, devido à prosperidade econômica advinda do ouro e dos diamantes do Brasil, uma das atividades culturais que receberam um decisivo apoio mecenático tanto da família real quanto de nobres esclarecidos e mesmo de alguns burgueses que investiram seus capitais em eventos musicais. A sua difusão deu-se, sobretudo, a partir da criação do Seminário da Igreja Patriarcal de Lisboa, que se tornou durante todo o século XVIII a principal escola de música em Portugal, por preparar e enviar como bolsistas para se aperfeiçoarem na Itália uma série de talentosos compositores. Alia-se a essa iniciativa a contratação de músicos estrangeiros de prestígio, que beneficiaram o país colocando-o no circuito do que de mais atual se produzia nas principais capitais européias. E, "a partir de 1733, a par do culto da pompa religiosa, de que a música é parte integrante, começam a cultivar-se, com mais regularidade, várias formas de música dramática"[1].

Não custa lembrar, com Teófilo Braga, que

---

[*] Departamento de Letras, Universidade Federal Fluminense, Rio de Janeiro, Brasil.

1. M. V. de Carvalho, Trevas e Luzes na Ópera de Portugal Setecentista, em M. H. dos Santos (coord.). *Congresso Internacional "Portugal no Século XVIII – de D. João V à Revolução Francesa",* p. 322.

150   O TEATRO NO SÉCULO XVIII

D. João V tinha uma paixão exclusiva pela música religiosa, merecendo-lhe a maior simpatia o cantochão, para o qual fundou uma escola em S. José de Ribamar, dirigida por um frade veneziano. Os seus principais cuidados foram para o engrandecimento da sua Capela Real e a transformação sumptuosa da Patriarcal em competência com a capela pontifícia[2].

Mais recentemente Mário Vieira de Carvalho e Manuel Carlos de Brito destacaram esse gosto musical do rei "Magnânimo", que preferia a "ópera ao divino", ou seja, os espetáculos religiosos à música laica – *a opera buffa* ou a *opera séria* –, tendo, inclusive, a partir de certo momento do seu reinado, proibido montagens musicais oriundas do estrangeiro, antes mesmo da doença que o paralisou[3]. No meio século de seu governo, freqüentaram a corte de Lisboa importantes figuras do cenário musical europeu como Domenico Scarlatti (1685-1732), que viveu em Portugal em data incerta, entre 1719 e 1729, e D. Manoel, Barão de Astorga, músico italiano de grande prestígio na época, que mereceu um grande elogio no livro *Musa Pueril*, de João Cardoso da Costa, publicado em 1736, que traz, entre os autores de poemas encomiásticos, o próprio Antônio José da Silva e o Conde da Ericeira[4].

Alguns estudiosos, sobretudo os que exaltam o reinado do "Magnânimo", defendem que a principal personalidade a apoiar as atividades musicais era a filha do monarca, a princesa Maria Bárbara, que depois se tornou rainha de Espanha. Sob o reinado de D. João V – cujo símbolo do fausto talvez seja a construção do convento de Mafra, suntuosa edificação composta de palácio real, igreja, convento e possuidora de uma escola de música, que lembra o Escorial dos Filipes – houve um grande incremento de bolsistas para se dedicarem ao aperfeiçoamento musical. Mas, independentes desse apoio, surgiram nessa época músicos de grande talento, como o organista e vicemestre da Capela Real e Patriarcal, José Antônio Carlos de Seixas (Coimbra, 11/06/1704 – Lisboa, 25/08/1742), contemporâneo e de existência abreviada como Antônio José. Carlos Seixas é a principal figura musical portuguesa desse período e pode ser considerado o mais proeminente compositor barroco em Portugal, por suas músicas para órgão e cravo, obras religiosas e orquestrais. Além de Seixas, devem-se destacar outros músicos do reinado joanino que propugnavam pela estética do barroco ornamental, como o padre Antônio Teixeira e o organista Francisco Antônio de Almeida que, como pensionistas do governo português, estudaram na Itália.

2. T. Braga, António José da Silva, em *História da Literatura Portuguesa. Os Árcades*, p. 113.
3. Cf. R. V. Nery e P. F. de Castro, *História da Música*; M. C. de Brito, Da Ópera ao Divino à Ópera Burguesa, em M. H. C. dos Santos (coord.), *Congresso Internacional "Portugal no Século XVIII – de D. João V à Revolução Francesa"*; e M. V. Carvalho, op. cit. nota 2.
4. Cf. J. C. da Costa, *Musa Pueril*, p. 333-340.

A MÚSICA NAS ÓPERAS DE ANTÔNIO JOSÉ, O JUDEU   151

Como se insere nesse xadrez musical o escritor setecentista luso-brasileiro Antônio José da Silva? A sua obra, embora seja mais conhecida como "óperas do Judeu", em razão de suas comédias serem um teatro musicado numa parceria entre o autor e o músico, possui uma autonomia que sobrevive sem a música original. A antonomásia de "Judeu", que acompanha o seu nome, é como o público que assistia ao seu teatro passou a identificá-lo após a sua condenação pelo Tribunal do Santo Ofício da Inquisição por reincidir na fé judaica, tendo sido ele executado em Lisboa, aos 34 anos, a 18 de outubro de 1739. A sua obra é composta de oito comédias e dois poemas, havendo ainda dois outros textos de autoria duvidosa que lhe vêm sendo atribuídos. A sua dramaturgia completa, reunida pela primeira vez em 1744, foi publicada com o título de *Teatro Cómico Português* e organizada de acordo com a ordem cronológica de sua subida à cena nos cinco anos em que o autor escreveu esses textos[5].

As oito "óperas do Judeu", denominadas de "joco-sérias" por lembrarem os recursos híbridos da tragicomédia, foram levadas à cena, através dos recursos de marionetes, no Teatro Público do Bairro Alto de Lisboa, de 1733 a 1738: *A Vida do Grande D. Quixote de la Mancha e do Gordo Sancho Pança*, em duas partes, 1733; *Esopaida ou Vida de Esopo*, em duas partes, 1734; *Encantos de Medeia*, em duas partes, 1735; *Anfitrião ou Júpiter e Alcmena*, em duas partes, 1736; *Labirinto de Creta*, em duas partes, 1736; *Guerras do Alecrim e Manjerona*, em duas partes, 1737; *Variedades de Proteu*, em três atos, 1737; *Precipício de Faetonte*, em três atos, 1738.

A relação entre Antônio José e a música foi um assunto polêmico que levou longo tempo para ficar esclarecido. A questão é que o seu teatro, como possui partes musicadas formadas por árias, duetos e coros, que se intercalam com as falas das personagens no transcorrer das cenas, foi denominado de "ópera". Isso motivou incertezas por não se saber quem era o autor das músicas para essas comédias. Desde que se começou a estudar a sua obra dramática, propalou-se, sobretudo a partir de Teófilo Braga[6], que ele, além de autor, era também o compositor da parte melódica das peças e que esta seria baseada em modinhas brasileiras ou em canções populares de sua época. Essa crença de que o autor dramático Antônio José poderia ser um modinheiro *avant la lettre* se deve em parte ao fato de que as partes cantadas, particularmente as árias, empregam o verso curto ou breve, base da métrica popular, sendo, pois, "versos de pouca extensão silábica (entre quatro e sete sílabas)"[7] os das composições cantadas

5. Cf. P. R. Pereira, A Música e a Marionete na Comédia de Antônio José, O Judeu. *Convergência Lusíada*, p. 49-61.

6. *O Martyr da Inquisição Portugueza Antonio José da Silva (O Judeu)*, p. 13.

7. R. Chociay, Antônio José da Silva, o Judeu, *Rhythmus*, p. 4.

O TEATRO NO SÉCULO XVIII

das suas oito comédias. E esse equívoco foi ampliado por "Miguel-Angelo Lambertini e Bernardo Valentim Moreira de Sá [que] afirmam sem hesitar que o Judeu era maestro-compositor"[8].

Essa celeuma durou longo tempo até ficar esclarecida e, como lembra Mozart de Araújo, "a primazia de [Antônio José] haver sido o nosso primeiro modinheiro"[9] é uma tese insustentável. No entanto, o grande musicólogo brasileiro, páginas adiante no seu excelente livro, comete o mesmo equívoco de outros historiadores de música, que acreditavam ser o Judeu o próprio autor da parte musical das suas óperas[10], engano já suficientemente demonstrado por mais de um especialista, a partir da descoberta, na década de 1940, das partituras que acompanhavam as "óperas" do Judeu. Bastava, porém, ler com atenção o prólogo "Ao Leitor Desapaixonado", que antecede a edição das comédias de Antônio José desde a primeira edição, para se perceber, como afirma o dramaturgo, que na encenação das suas peças participavam o próprio autor do texto, o músico e o cenógrafo, os três elementos que compõem o teatro musicado:

> Contigo falo, leitor desapaixonado, que, se o não és, não falo contigo, pois nem quero adulação dos amigos, porque o são, nem é justo que os que o não são queiram ser árbitros para sentenciarem estas obras no tribunal da sua crítica. Não há melhor ouvinte que um desapaixonado, *sem afeto ao autor da obra, sem inclinação ao da música, sem conhecimento do arquiteto da pintura*[11].

Quando, em 1733, subia à cena, no Teatro do Bairro Alto, a sua primeira ópera, a *Vida do Grande D. Quixote de La Mancha e do Gordo Sancho Pança*, Antônio José quebrava uma tradição de mais de dois séculos, em que o teatro em língua portuguesa fora basicamente escrito em verso sem conter partes em prosa e, sobretudo, sem utilizar a música como parte de sua estrutura. Assim, nascia a primeira ópera cantada em língua portuguesa e desempenhada não pelos cantores italianos que serviam ao teatro real do Paço da Ribeira, mas por fantoches. Não custa recordar que, também nesse mesmo ano de 1733, representou-se no Paço da Ribeira a primeira verdadeira *opera buffa* portuguesa, *La pazienza di Socrate*, do gênero cômico, ainda escrita em verso, sendo de autoria do paulista Alexandre de Gusmão o libreto italiano adaptado, e do compositor operístico português

---

8. L. F. Branco, O Judeu Músico, *Arte musical*, p. 3.

9. M. de Araújo, *A Modinha e o Lundu no Século XVIII*, p.31.

10. Idem, p. 76-77.

11. Cf. A. J. da Silva, *Obras Completas*, v. 1, p. 5 (grifo nosso). "Na montagem de uma peça concorriam três colaboradores: o autor do texto, o autor da música e o pintor dos cenários. Bastaria este passo para rebater a afirmação de ser o autor o compositor da música, ou de que a parte musical das 'óperas' eram *modinhas* brasileiras". Nota de José Pereira Tavares na sua edição das *Obras Completas* de Antônio José da Silva, v. 1, p. 5.

A MÚSICA NAS ÓPERAS DE ANTÔNIO JOSÉ, O JUDEU   153

Francisco Antônio de Almeida (contemporâneo de Antônio José da Silva) a música.

Por esta senda se encontra outra característica inovadora do teatro musicado de Antônio José. Aos saraus de música vocal e instrumental e ao aparecimento da ópera clássica italiana, que interessava à família real e à aristocracia, o comediógrafo cristão-novo contrapunha a sua ópera joco-séria, fundamentada nas características estruturais da tragicomédia. Assim, este gênero, utilizado pelo Judeu em língua portuguesa, pode ser associado à longa corrente de ópera cômica popular que germinara na Europa segundo o espírito de resgate das raízes nacionais: a *zarzuela* espanhola de Pedro Calderón de la Barca (1600-1681), que escreveu a primeira peça desse gênero, *El Jardín de Falerina*, de 1648, com música de Juan Risco; a *ballad opera* da Inglaterra, que deve seu impulso inicial ao compositor barroco Henry Purcell (1659-1692), que musicou algumas comédias de John Dryden, mas cujo representante mais famoso é *The Beggar's Opera*, de John Gay; o *Singspiel*, opereta melodramática germânica, que no gênero produziu a pantomima *Die Zauberflöte* de Mozart; o *vaudeville*, ópera cômica francesa satírica e maliciosa, que, muito provavelmente, deve muito às comédias de Jean-Philippe Rameau (1683-1764), principal compositor francês de sua época; a *opera buffa* italiana, criada por Alessandro Scarlatti, com a subida à cena, em 1718, de *Il Trionfo dell'onore*, em que se tem a presença determinante do bufo – criado jocoso equivalente ao gracioso hispano-português –, que se prolongou até o final do século XVIII, renovando-se no teatro de Carlo Goldoni.

Essa ópera cômica popular destinada à classe média dos burgueses, em oposição à ópera de corte, se caracterizava por empregar poucos recursos cênicos e musicais. E, devido ao uso sistemático da paródia e da sátira nos textos cantados, prenunciava o alvorecer do Iluminismo em Portugal, na medida em que se foram substituindo gradativamente os personagens mitológicos, históricos e aristocráticos por burgueses e figuras populares, facilmente identificáveis pelo público que tinha no *gracioso* uma espécie de porta-voz de suas aspirações.

Assim, havia a ópera popular, que nem sempre era representada por atores. No caso específico do Judeu, o seu teatro tinha como intérpretes bonecos (bonifrates ou fantoches), marionetes de cortiça movidas por arame, equivalentes ao mamulengo nordestino brasileiro, ou como ele próprio explica, "A alma de arame no corpo da cortiça"[12], o que lhe permitiu utilizar, no seu teatro, uma maquinaria fantástica que não teve limites para a inventividade.

12. A. J. da Silva, op. cit., p. 4.

O TEATRO NO SÉCULO XVIII

Na década de 1940, o compositor Luís de Freitas Branco descobriu, no arquivo do Palácio Ducal de Vila Viçosa, a música original de duas peças de Antônio José da Silva: *Guerras do Alecrim e Manjerona* e *Variedades de Proteu*. Afirmava ele que as partituras foram escritas pelo compositor português Antônio Teixeira, contemporâneo do dramaturgo, e que pertenciam ao período do barroco ornamental. A partir dessa descoberta, incrementaram-se os estudos sobre Antônio Teixeira, compositor dramático e religioso que os estudos de vários musicólogos acabaram por alçar à condição de um dos principais compositores portugueses do século XVIII. Sabe-se que nasceu em Lisboa em 1707 e que morreu em data posterior a 1770. Aluno da escola de música do Seminário da Igreja Patriarcal de Lisboa, por revelar excepcionais dotes musicais, foi enviado como bolsista real para Roma, entre 1717-1728, tendo sido discípulo, dentre outros, de Alessandro e Domenico Scarlatti. De volta a Portugal foi nomeado, em 11 de junho de 1728, para o cargo de capelão cantor e examinador de cantochão da Sé Patriarcal de Lisboa. Diogo Barbosa Machado[13], no seu monumental dicionário editado na época do compositor, atribui ao padre Antônio Teixeira inúmeras obras musicais e, dentre elas, sete óperas, provavelmente as que compôs para as comédias de Antônio José. E como Antônio Teixeira foi discípulo de Alessandro Scarlatti, que foi o autor da primeira *opera buffa* italiana, é bem provável que se possa determinar nas suas óperas joco-sérias, feitas em parceria com Antônio José, a influência do seu mestre napolitano.

Mais tarde, outro pesquisador, João de Figueiredo, conservador do museu do Palácio Ducal de Vila Viçosa, identificou outras partes dessas óperas, permitindo a reconstituição de suas partituras[14]. Alguns anos depois, o musicólogo Filipe de Sousa (1974) aprofundou as pesquisas em torno do músico Antônio Teixeira e de sua parceria com o comediógrafo Antônio José. Essas pesquisas em torno das óperas do Judeu acabaram por trazer ao Brasil, em 1982 e 1983, o musicólogo Manuel Ivo Cruz, que conheceu em Pirenópolis, cidade histórica de Goiás, o arquivo da família Pompeu de Pina, que contém inúmeros manuscritos de música teatral dos séculos XVIII e XIX. Lá, ao ter "entre as mãos partes musicais de pelo menos três óperas do Judeu: *As Guerras, As Variedades de Proteu* e *Anfitrião*"[15], sugeriu que as pesquisas fossem continuadas por Filipe de Sousa, que vinha se dedicando exaustivamente ao legado do compositor Antônio Teixeira.

13. D. B. Machado, *Bibliotheca Lusitana*, p. 61.
14. Cf. L. F. Branco, A Música Teatral Portuguesa, em *A evolução e o Espírito do Teatro em Portugal*, p. 111-114; M. S. Ribeiro, Quebra-Cabeças Musical no Paço de Vila Viçosa, *Ocidente*, p. 75-78.
15. M. I. Cruz, Ópera Portuguesa no Brasil do Século XVIII, *Boletim da Associação Portuguesa de Educação Musical*, p. 39-41.

A MÚSICA NAS ÓPERAS DE ANTÔNIO JOSÉ, O JUDEU 155

A vinda do pesquisador Filipe de Sousa ao Brasil trouxe enormes frutos, pois confirmou a existência, naquela cidade goiana, dos manuscritos de três partituras musicais de Antônio Teixeira para as seguintes óperas do Judeu: *Labirinto de Creta*, *Anfitrião* e *Os Encantos de Medeia*[16]. A partir daí entra em cena o saudoso pesquisador brasileiro José Maria Neves que, em parceria com Filipe de Sousa, ampliou o conhecimento a respeito da música das óperas de Antônio José. O trabalho é coroado de êxito quando a Orquestra de Câmara do Conservatório Brasileiro de Música, sob a regência de José Maria Neves, apresenta, com partitura revista por Filipe de Sousa, a ópera bufa *Variedades de Proteu*, no Teatro Villa-Lobos, no Rio de Janeiro, em outubro de 1984[17].

Assim, este conjunto de estudos confirma que "a música de todas as óperas de Antônio José da Silva era muito provavelmente do Padre Antônio Teixeira"[18], encerrando-se, depois de mais de dois séculos, o ato final da trajetória acidentada dessas oito peças, até se chegar à confirmação do autor de suas músicas.

REFERÊNCIAS BIBLIOGRÁFICAS

ARAÚJO, Mozart de. *A Modinha e o Lundu no Século XVIII*. São Paulo: Ricordi Brasileira, 1963.

BRAGA, Teófilo. *O Martyr da Inquisição Portugueza Antonio José da Silva (O Judeu)*. Lisboa: Typographia do Commercio, 1904.

_____. António José da Silva. In: _____. *História da Literatura Portuguesa. Os Árcades*. Lisboa: Imprensa Nacional – Casa da Moeda, 1984. (Primeira edição em 1918.)

BRANCO, Luís de Freitas. O Judeu Músico. *Arte Musical*, ano 5, n. 162, p. 3-4. Lisboa, 30 jun.1935.

_____. A Música Teatral Portuguesa. In: *A Evolução e o Espírito do Teatro em Portugal*. 2ª ciclo das conferências promovidas pelo "Século". Lisboa: O Século, 1947, v. 2.

BRITO, Manuel Carlos de. O Papel da Ópera na Luta entre o Iluminismo e o Obscurantismo em Portugal (1731-1742). In: _____. *Estudos de História da Música em Portugal*. Lisboa: Estampa, 1989.

_____. Da Ópera ao Divino à Ópera Burguesa: a música e o teatro de D. João v a D. Maria i. In: SANTOS, Maria Helena Carvalho dos (coord.). *Congresso Internacional "Portugal no Século XVIII – de D. João V à Revolução Francesa"*. Lisboa: Sociedade Portuguesa de Estudos do Século XVIII, 1991.

CARVALHO, Mário Vieira de. Trevas e Luzes na Ópera de Portugal Setecentista. In: SANTOS, Maria Helena Carvalho dos (coord.). *Congresso Interna-*

16. L. P. Horta, Descoberta Musicológica em Goiás, *Jornal do Brasil*, p. 7.

17. Cf. programa da ópera bufa *Variedades de Proteu*. Rio de Janeiro, Teatro Villa-Lobos, outubro/novembro de 1984.

18. M. C. Brito, O Papel da Ópera na Luta entre o Iluminismo e o Obscurantismo em Portugal (1731-1742), op. cit., p. 100-101.

O TEATRO NO SÉCULO XVIII

cional "Portugal no Século XVIII – de D. João V à Revolução Francesa". Lisboa: Sociedade Portuguesa de Estudos do Século XVIII, 1991.

CHOCIAY, Rogério. Antônio José da Silva, o Judeu: uma antecipação da liberdade no verso. *Rhythmus*, São José do Rio Preto, n. 16, 1992.

COSTA, João Cardoso da. *Musa Pueril.* Lisboa: Oficina de Miguel Rodrigues, 1736.

CRUZ, Manuel Ivo. Ópera Portuguesa no Brasil do século XVIII. *Boletim da Associação Portuguesa de Educação Musical* Lisboa, n. 52, 1987.

FIGUEIREDO, João de. *História da Música Portuguesa.* Lisboa: Europa-América, 1959.

HORTA, Luiz Paulo. Descoberta Musicológica em Goiás. *Jornal do Brasil*, Rio de Janeiro, 6 mar.1986. Caderno B.

MACHADO, Diogo Barbosa. *Bibliotheca Lusitana.* Lisboa: Francisco Luiz Ameno (Ed), 1759. Tomo 4.

NERY, Rui Vieira; CASTRO, Paulo Ferreira de. *História da Música.* Lisboa: Imprensa Nacional – Casa da Moeda, 1991. (Sínteses da Cultura Portuguesa, Europália 91).

PEREIRA, Paulo Roberto. A Música e a Marionete na Comédia de Antônio José, O Judeu. *Convergência Lusíada*, Rio de Janeiro, n. 22, 2006.

RIBEIRO, Mário de Sampayo. Quebra-Cabeças Musical no Paço de Vila Viçosa. *Ocidente*, Lisboa, v. 53, n. 232, 1957.

SILVA, António José da. *Obras Completas.* Prefácio e notas do Prof. José Pereira Tavares. Lisboa: Sá da Costa, 4 v., 1957-1958.

SOUSA, Filipe de. O Compositor António Teixeira e a sua Obra. In: Actas do congresso "A Arte em Portugal no Século XVIII". *Bracara Augusta.* Revista Cultural da Câmara de Braga, v. 28, tomo 3, 1974.

TEATRO NA PERSPECTIVA

O Sentido e a Máscara
   Gerd A. Bornheim (D008)
A Tragédia Grega
   Albin Lesky (D032)
Maiakóvski e o Teatro de Vanguarda
   Angelo M. Ripellino (D042)
O Teatro e sua Realidade
   Bernard Dort (D127)
Semiologia do Teatro
   J. Guinsburg, J. T. Coelho Netto e
   Reni C. Cardoso (orgs.) (D138)
Teatro Moderno
   Anatol Rosenfeld (D153)
O Teatro Ontem e Hoje
   Célia Berrettini (D166)
Oficina: Do Teatro ao Te-Ato
   Armando Sérgio da Silva (D175)
O Mito e o Herói no Moderno Teatro Brasileiro
   Anatol Rosenfeld (D179)
Natureza e Sentido da Improvisação Teatral
   Sandra Chacra (D183)
Jogos Teatrais
   Ingrid D. Koudela (D189)
Stanislávski e o Teatro de Arte de Moscou
   J. Guinsburg (D192)

O Teatro Épico
   Anatol Rosenfeld (D193)
Exercício Findo
   Décio de Almeida Prado (D199)
O Teatro Brasileiro Moderno
   Décio de Almeida Prado (D211)
Qorpo-Santo: Surrealismo ou Absurdo?
   Eudinyr Fraga (D212)
Performance como Linguagem
   Renato Cohen (D219)
Grupo Macunaíma: Carnavalização e Mito
   David George (D230)
Bunraku: Um Teatro de Bonecos
   Sakae M. Giroux e Tae Suzuki (D241)
No Reino da Desigualdade
   Maria Lúcia de Souza B. Pupo (D244)
A Arte do Ator
   Richard Boleslavski (D246)
Um Vôo Brechtiano
   Ingrid D. Koudela (D248)
Prismas do Teatro
   Anatol Rosenfeld (D256)
Teatro de Anchieta a Alencar
   Décio de Almeida Prado (D261)
A Cena em Sombras
   Leda Maria Martins (D267)

Texto e Jogo
Ingrid D. Koudela (D271)
O Drama Romântico Brasileiro
Décio de Almeida Prado (D273)
Para Trás e Para Frente
David Ball (D278)
Brecht na Pós-Modernidade
Ingrid D. Koudela (D281)
O Teatro É Necessário?
Denis Guénoun (D298)
O Teatro do Corpo Manifesto: Teatro Físico
Lúcia Romano (D301)
O Melodrama
Jean-Marie Thomasseau (D303)
Teatro com Meninos e Meninas de Rua
Marcia Pompeo Nogueira (D312)
João Caetano
Décio de Almeida Prado (E011)
Mestres do Teatro I
John Gassner (E036)
Mestres do Teatro II
John Gassner (E048)
Artaud e o Teatro
Alain Virmaux (E058)
Improvisação para o Teatro
Viola Spolin (E062)
Jogo, Teatro & Pensamento
Richard Courtney (E076)
Teatro: Leste & Oeste
Leonard C. Pronko (E080)
Uma Atriz: Cacilda Becker
Nanci Fernandes e Maria T. Vargas
(orgs.) (E086)
TBC: Crônica de um Sonho
Alberto Guzik (E090)
Os Processos Criativos de Robert Wilson
Luiz Roberto Galizia (E091)
Nelson Rodrigues: Dramaturgia e Encenações
Sábato Magaldi (E098)
José de Alencar e o Teatro
João Roberto Faria (E100)
Sobre o Trabalho do Ator
Mauro Meiches e Silvia Fernandes
(E103)
Arthur de Azevedo: A Palavra e o Riso
Antonio Martins (E107)
O Texto no Teatro
Sábato Magaldi (E111)
Teatro da Militância
Silvana Garcia (E113)

Brecht: Um Jogo de Aprendizagem
Ingrid D. Koudela (E117)
O Ator no Século XX
Odette Aslan (E119)
Zeami: Cena e Pensamento Nô
Sakae M. Giroux (E122)
Um Teatro da Mulher
Elza Cunha de Vincenzo (E127)
Concerto Barroco às Óperas do Judeu
Francisco Maciel Silveira (E131)
Os Teatros Bunraku e Kabuki: Uma Visada Barroca
Darci Kusano (E133)
O Teatro Realista no Brasil: 1855-1865
João Roberto Faria (E136)
Antunes Filho e a Dimensão Utópica
Sebastião Milaré (E140)
O Truque e a Alma
Angelo Maria Ripellino (E145)
A Procura da Lucidez em Artaud
Vera Lúcia Felício (E148)
Memória e Invenção: Gerald Thomas em Cena
Sílvia Fernandes (E149)
O Inspetor Geral de Gógol/Meyerhold
Arlete Cavaliere (E151)
O Teatro de Heiner Müller
Ruth C. de O. Röhl (E152)
Falando de Shakespeare
Barbara Heliodora (E155)
Moderna Dramaturgia Brasileira
Sábato Magaldi (E159)
Work in Progress na Cena Contemporânea
Renato Cohen (E162)
Stanislávski, Meierhold e Cia
J. Guinsburg (E170)
Apresentação do Teatro Brasileiro Moderno
Décio de Almeida Prado (E172)
Da Cena em Cena
J. Guinsburg (E175)
O Ator Compositor
Matteo Bonfitto (E177)
Ruggero Jacobbi
Berenice Raulino (E182)
Papel do Corpo no Corpo do Ator
Sônia Machado Azevedo (E184)
O Teatro em Progresso
Décio de Almeida Prado (E185)

Édipo em Tebas
Bernard Knox (E186)
Depois do Espetáculo
Sábato Magaldi (E192)
Em Busca da Brasilidade
Claudia Braga (E194)
A Análise dos Espetáculos
Patrice Pavis (E196)
As Máscaras Mutáveis do Buda Dourado
Mark Olsen (E207)
Crítica da Razão Teatral
Alessandra Vannucci (E211)
Caos e Dramaturgia
Rubens Rewald (E213)
Para Ler o Teatro
Anne Ubersfeld (E217)
Entre o Mediterrâneo e o Atlântico
Maria Lúcia de S. B. Pupo (E220)
Yukio Mishima: O Homem de Teatro e de Cinema
Darci Kusano (E225)
O Teatro da Natureza
Marta Metzler (E226)
Margem e Centro
Ana Lúcia V. de Andrade (E227)
Ibsen e o Novo Sujeito da Modernidade
Tereza Menezes (E229)
Teatro Sempre
Sábato Magaldi (E232)
O Ator como Xamã
Gilberto Icle (E233)
A Terra de Cinzas e Diamantes
Eugenio Barba (E235)
A Ostra e a Pérola
Adriana Dantas de Mariz (E237)
A Crítica de um Teatro Crítico
Rosangela Patriota (E240)
O Teatro no Cruzamento de Culturas
Patrice Pavis (E247)
Teatro em Foco
Sábato Magaldi (E252)
A Arte do Atro entre os Séculos XVI e XVIII
Ana Portich (E254)
O Teatro no Século XVIII
Renata S. Junqueira e Maria Gloria C. Mazzi (orgs.) (E256)
A Gargalhada de Ulisses
Cleise Furtado Mendes (E258)

Do Grotesco e do Sublime
Victor Hugo (EL05)
O Cenário no Avesso
Sábato Magaldi (EL10)
A Linguagem de Beckett
Célia Berrettini (EL23)
Idéia do Teatro
José Ortega y Gasset (EL25)
O Romance Experimental e o Naturalismo no Teatro
Emile Zola (EL35)
Duas Farsas: O Embrião do Teatro de Molière
Célia Berrettini (EL36)
Marta, A Árvore e o Relógio
Jorge Andrade (T001)
O Dibuk
Sch. An-Ski (T005)
Leone de'Sommi: Um Judeu no Teatro da Renascença Italiana
J. Guinsburg (org.) (T008)
Urgência e Ruptura
Consuelo de Castro (T010)
Pirandello do Teatro no Teatro
J. Guinsburg (org.) (T011)
Canetti: O Teatro Terrível
Elias Canetti (T014)
Idéias Teatrais: O Século XIX no Brasil
João Roberto Faria (T015)
Heiner Müller: O Espanto no Teatro
Ingrid D. Koudela (Org.) (T016)
Büchner: Na Pena e na Cena
J. Guinsburg e Ingrid Dormien Koudela (Orgs.) (T017)
Teatro Completo
Renata Pallottini (T018)
Barbara Heliodora: Escritos sobre Teatro
Claudia Braga (org.) (T020)
Machado de Assis: Do Teatro
João Roberto Faria (org.) (T023)
Três Tragédias Gregas
Guilherme de Almeida e Trajano Vieira (S022)
Édipo Rei de Sófocles
Trajano Vieira (S031)
As Bacantes de Eurípides
Trajano Vieira (S036)
Édipo em Colono de Sófocles
Trajano Vieira (S041)

Agamêmnon de Ésquilo
Trajano Vieira (S046)
Teatro e Sociedade: Shakespeare
Guy Boquet (K015)
Eleonora Duse: Vida e Obra
Giovanni Pontiero (PERS)
Linguagem e Vida
Antonin Artaud (PERS)
Ninguém se Livra de seus Fantasmas
Nydia Licia (PERS)
O Cotidiano de uma Lenda
Cristiane Layher Takeda (PERS)
História Mundial do Teatro
Margot Berthold (LSC)
O Jogo Teatral no Livro do Diretor
Viola Spolin (LSC)

Dicionário de Teatro
Patrice Pavis (LSC)
Dicionário do Teatro Brasileiro: Temas, Formas e Conceitos
J. Guinsburg, João Roberto Faria e Mariangela Alves de Lima (LSC)
Jogos Teatrais: O Fichário de Viola Spolin
Viola Spolin (LSC)
Br-3
Teatro da Vertigem (LSC)
Zé
Fernando Marques (LSC)
Últimos: Comédia Musical em Dois Atos
Fernando Marques (LSC)
Jogos Teatrais na Sala de Aula
Viola Spolin (LSC)

Impresso em São Paulo,
nas oficinas da Gráfica Palas Athena,
para a Editora Perspectiva S.A., em outubro de 2008